Valentin Hintner

Euripides Kyklops

Valentin Hintner

Euripides Kyklops

ISBN/EAN: 9783743635197

Hergestellt in Europa, USA, Kanada, Australien, Japan

Cover: Foto ©Thomas Meinert / pixelio.de

Weitere Bücher finden Sie auf **www.hansebooks.com**

Euripides'

KYKLOPS

Im Versmasse des Originals übertragen, mit einer
Einleitung über das Satyrdrama und kurzen erläuternden Bemerkungen

v o n

Val. Hintner,
k. k. Gymnasiallehrer.

Beigabe zum Programm des k. k. Ober-Gymnasiums
in Czernowitz.

Czernowitz,
Buchdruckerei des Rudolf Eckhardt.
1871.

Euripides'

KYKLOPS

Im Versmasse des Originals übertragen, mit einer Einleitung
über das Satyrdrama und kurzen erläuternden Bemerkungen

von

Val. Hintner,

k. k. Gymnasiallehrer.

Beigabe zum Programm des k. k. Ober-Gymnasiums
in Czernowitz.

Czernowitz,
Buchdruckerei des Rudolf Eckhardt.
1871.

Euripides' Kyklops,

im Versmasse des Originals übertragen, mit einer Einleitung über das Satyrdrama und kurzen erläuternden Bemerkungen

von

Val. Hintner.

k. k. Gymnasiallehrer.

EINLEITUNG

I. Ursprung und Entwicklung des Satyrdrama.

Ueber das Satyrdrama der Griechen, über die Entstehung, Form und Charakteristik ist sowol von älteren als neueren Gelehrten viel geschrieben worden [1]. Ich muss mich darauf beschränken, blos das mir Feststehende kurz zu verzeichnen.

Das *Satyrdrama* ist nicht erst entstanden, nachdem bereits die *Tragödie* ausgebildet war [2]), sondern in die *Uranfänge* des Satyrspiels müssen · wir geradezu die *Entstehung* der Tragödie setzen. Das Satyrspiel ist also älter als die Tragödie, ja es war vor der eigentlichen Tragödie ausgebildet. Satyrspiel und Tragödie, beide entstanden aus dem *Dithyrambos*. Διϑύραμβος ist bei *Euripides* in den *Bakchen* (v. 526 ed. Kirchh.) [3]) N a m e   d e s B a k c h o s und steht im Zusammenhang mit der Mythe vom Einnähen ·des frühzeitig geborenen Kindes in *Zeus'* Hüfte [4]). Sodann ist διϑύραμβος Name des *bakchischen* Liedes, des Ergusses fröhlich begeisterter Weinlaune. In *Attika*, auf den *jonischen* und *äolischen* Inseln, in *Böotien*, in *Phlius, Sikyon, Korinth* und an andern Orten mit blühendem Bakchosdienste, wurden solche Lie-

*

der von schwärmenden Zügen (κῶμοι) der Bakchosverehrer in
roher kunstloser Form gesungen. Der Charakter dieser Chorlieder
wird von jeher der Beschaffenheit und Natur des Cultus gemäss
leidenschaftlich und begeistert gewesen sein; die Extreme mensch-
licher Empfindungen, jauchzende Lust und tiefe Trauer, fanden
in denselben ihren Ausdruck. Dithyramben lustigen und fröhlichen
Inhaltes wurden beim Beginn des Frühlings, ernste und traurige
beim Herannahen des Winters gesungen, indem man den Gott
in den Ereignissen der Natur angegriffen, getödtet oder dem
Tode nahe wahrzunehmen glaubte. Nur aus diesen *Winterdithyr-*
amben, in denen man die Leiden des Gottes betrauerte, konnte
die ernste, pathetische Tragödie hervorgehen.

Nach *Aristoteles* [5]) finden wir bei diesen Dithyramben bereits
einen C h o r f ü h r e r, V o r s ä n g e r (ὁ ἐξάρχων τὸν διθύραμβον)
und einen C h o r, und zwar einen S a t y r c h o r [6]). Denn die
Satyrn sind die Repräsentanten des rohen, ungezügelten Natur-
triebes, wie sich derselbe wol im Rausche geltend macht. Und
wie der Chor die Satyrn, so stellte vielleicht der Chorführer den
Seilenos vor [7]), indem er improvisirend die Leiden und Freuden
des Gottes *Dionysos* erzählte oder sang, nach welchen Erzählungen der Chor mit Preis und Anrufung des Gottes einfiel.

Das ist die ursprünglichste, roheste Gestalt des Typus oder
Grundbildes der späteren Tragödie: Rede, d. h. für jetzt noch
Erzählung, gesungen oder gesprochen und hierdurch veranlasster
G e s a n g mit Tanz, welch letzterer bei weitem das Ueberwie-
•gende.

Allein der Dithyrambos muss eine Veränderung erfahren
haben, wenn aus ihm die feierliche Erhabenheit des attischen
Kothurns hervorgehen sollte. Eine solche Veränderung hat nach
Zeugnissen *Arion* vorgenommen [8]), indem er dem Dithyrambos
als Dichtung tragische Würde und künstlerische Form, ebenso dem
Chore durch förmliche Einübung künstlerische Gestaltung gab.
Die Satyrn, d. h. das scherzhafte Satyrspiel beliess er als Erin-
nerung an den Ursprung des ernsten Dithyrambos. Dieser Dithyrambos wird nun auch T r a g ö d i e genannt, d. i. e i n p o e t i-

s c h e s W e r k ohne dramatisch zu sein. Und das ist ni cht zu
verwundern. Denn was heisst τραγῳδία anders als B o c k s g e -
s a n g ? Allerdings ist dabei eine mehrfache Deutung zulässig [9].
Dem früher Erörterten gemäss fasse ich τραγῳδία als Gesang
von Böcken, d. h. von Satyrn, weil σάτυροι = τράγοι [10]). Kurz, der
Dithyrambos hiess auch τραγῳδία und es ist die sogenannte lyri-
sche Tragödie vom Dithyrambos nicht verschieden [11]).

Wenn von *Pratinas* gesagt wird, er habe z u e r s t Satyr-
spiele geschrieben, so heisst der Ausdruck im Munde der Griechen so viel als er habe der Sache eine neue Gestalt gegeben.
Die Neuerung des *Pratinas* mag, wie *Hartung* bemerkt [12]), darin
bestanden haben, dass er den Dithyrambos, d. h. das Melodrama,
in welchem blos gesungen wurde, zum Drama gestaltete.

Es darf hier nicht weiter erörtert werden, welche Neuerun-
gen die Tragödie durch *Lasos*, *Thespis* und *Phrynichos* erfahren,
wie sie durch *Aeschylos* und *Sophokles* namentlich vervollkommnet
worden. Wir haben schon den Punct erreicht, wo das Satyrspiel
von der Tragödie getrennt ward und müssen dasselbe separat, so
weit es möglich ist, verfolgen. Allerdings ist die Geschichte des
Satyrdrama von da an weniger oder mehr unbekannt, kann aber
leicht ergänzt werden. Die Tragödie bildete sich nach der ernsten, kunstgerechten, chorischen Seite hin selbständig aus, das
Satyrdrama nach der lächerlichen, regellosen, mimisch-hyporche-
matischen. Da beide Dichtungsgattungen *eines* Ursprunges sind,
beide auch nachher in engem Zusammenhange standen, so wird
der Entwicklungsgang des kunstgerechten Satyrdrama ein ähnli-
cher gewesen sein, wie der der Tragödie. Freilich wurde, wie es
scheint, die neue, namentlich durch die Hand des *Arion*, *Thespis*
u. A. verbesserte und vervollkommnete Tragödie mit solchem
Eifer und solcher Begeisterung aufgefasst, dass sie die *Satyrn*
und den *Bakchos* darüber ganz vergassen und an den be-
kannten Festen reine Tragödien aufführten. Dies veranlasste
das gemeine Volk zu der unwilligen Aeusserung : οὐδὲν
πρὸς τὸν Διόνυσον! Die Tragödiendichter sahen sich also
gezwungen, das Satyrspiel beizubehalten ; natürlich musste

es conform der Tragödie gestaltet werden, indem ihm gleichfalls (wenigstens grossentheils) ein tragisches Element oder besser, ein heroischer Stoff zu Grunde gelegt wurde [13]). Dieses Satyrdrama wurde anfangs, wie es scheint [14]), um das zuschauende Volk für die nachfolgenden Tragödien zu gewinnen, als Vorspiel gegeben. Später, in der Zeit des *Aeschylos, Sophokles* und *Euripides* ward es allgemein, dem eigentlichen ästhetischen Zwecke entsprechend, nach den Tragödien aufgeführt. Und zwar pflegten die Tragiker, welche sich an dem Wettkampf der Dramen betheiligten, jeder eine *Tetralogie*, d. h. vier Stücke zugleich zur Aufführung zu bringen, von denen eben das vierte ein Satyrdrama war. Doch, bereits zur Zeit des *Euripides* begann der Verfall des Satyrdrama und nach dem Tode des *Euripides* lesen wir selten von Aufführungen solcher Kunstproducte.

II. Charakteristik des Satyrdrama.

Eine Charakteristik des Satyrdrama kann nur unbestimmt, dürftig und einseitig ausfallen, da uns nur ein einziges Stück, der *Kyklops* des *Euripides*, erhalten ist [15]). Kurz und trefflich, wie immer, fasst *Theod. Kock* den Charakter unserer Dichtgattung in folgenden Worten zusammen [16]): Der Charakter der Satyrn bestimmt durchaus den des nach ihnen benannten Dramas. Es ist ein naiv heiteres, rein neckisches und harmloses Spiel, ohne allen Beigeschmack absichtlichen Spottes und reflectirender Ironie, ein phantastisches und doch höchst einfaches Product aus dem Zusammentreffen von zwei wunderlichen Gegensätzen, der unzerstörbaren und unverbesserlichen, bäurisch derben und tölpischen Urnatur mit Wesen einer höheren Ordnung von oft gewaltigem Streben.

Mit der Tragödie ist es nicht bloss äusserlich durch die Gemeinsamkeit der Aufführung verbunden gewesen; beide haben auch eine grosse Verwandtschaft des Stoffes. Denn auch das Satyrdrama bewegt sich auf dem Boden der alten Heroensage.

Aber während die Tragödie aus dieser die erschütternden, zugleich demütigenden und erhebenden Momente aufsuchte, die alle Höhen und alle Tiefen der Menschennatur zu bewegen im Stande sind, stellte das Satyrdrama die heiteren und lächerlichen Situationen derselben dar. . . . .

Wenn so sich das Satyrspiel im Ton von der Tragödie unterscheidet, im Stoffe ihr nahe steht, so entfernt es sich in beiden Beziehungen sehr weit von der *Komödie*. Diese entlehnt ihre Stoffe aus den Verkehrtheiten und Thorheiten der Menschenwelt und zwar der unmittelbaren Gegenwart, und unterwirft dieselben einer bald gutmüthigeren, bald derberen Beurtheilung; sie übt an ihnen Kritik. Dadurch kommt in den Ton des Dramas ein Zug von Reflexion und Absichtlichkeit: Die Komödie s u c h t das lächerliche, und damit es auch dem blödesten erkennbar werde, übertreibt sie es. So kann sie der Carricatur, der Parodie und der Ironie nicht entbehren. Das Satyrspiel hat mit Gegenwart und Wirklichkeit noch weniger zu thun als die Tragödie: Das lächerliche ist in ihm nicht gesucht und erst durch Combination und Reflexion gewonnen, sondern unmittelbare Folge der Situation; Kritik und selbst Verspottung, so fern diese mehr sein soll als harmlose Neckerei, liegen ihm fern; es will noch weniger lächerliche als lustige und neckische Begebenheiten darstellen und weniger durch schlagenden Witz Beifall gewinnen als durch gutmütigen Scherz und Mutwillen, mitunter auch durch Zoten, ungetrübte Heiterkeit erregen.

Der Zweck des Satyrdrama wird bereits aus dem vorhergehenden ersichtlich sein. Freilich muss dabei wol unterschieden werden das Satyrspiel im rohen Zustande vom Satyrdrama, wie es sich als Kunstwerk der Aufführung einer Trilogie anschloss. Wenn auch das Bedürfnis einer Erholung des Geistes nach dem ergreifenden Ernst der Tragödie nicht (wie A. W. *Schlegel* meint [17]) Ursprung des Satyrspiels war, so wurde es doch später sein Zweck, wie ältere und neuere Schriftsteller dafür stimmen [18]). Denn dass sich die ursprüngliche Bedeutung bei fortschreitender Kunst verlor, ist leicht anzunehmen. Der Grieche verliess, wie

Schiller sehr treffend sagt, mit erleichterter Brust das Theater. Um den hohen Ernst, den die Tragödie erzeugt hatte, etwas zu mildern, dazu trug gewiss das Satyrdrama seinen Theil bei. Lustige Schwänke und muntere, selbst lärmende Tänze waren dem Charakter des Ganzen sehr angemessen und erreichten sicher die beabsichtigte Wirkung.

Ueber die Zahl der Choreuten im Satyrspiel fehlen bestimmte Nachrichten: wahrscheinlich waren es fünfzehn wie von *Sophokles* an in der Tragödie [19]). Ihr Costum hat man sich, wie es viele Gemälde und Vasen zeigen [20]), sehr grotesk zu denken: sie erscheinen nackt bis auf ein lose umgeworfenes Bock-, Reh- oder Pantherfall, mit stark ins thierische verzerrter Maske und aufgerichtetem Phallos [21]). Ihr Tanz ist die meist aus bockartigen Sprüngen bestehende *Sikinis* (σίκιντς) [22]).

Ob auch in dem Vers des Dialogs, dem Trimeter, das Satyrdrama der Tragödie näher steht als der Komödie, wie *G. Hermann* annimmt [23]), ist sehr zweifelhaft; wir haben ja nur den *Kyklops* als Muster dieser Dichtgattung überkommen.

III. Der Kyklops.

Man hat seiner Zeit nicht genug Schlechtes über dieses Stück (und natürlich in Verbindung damit auch über den Dichter) zu sagen gewusst [24]). Eine besonnene Kritik wird anders darüber urtheilen. *Th. Kock* [25]) nennt es mit Recht ein wolgelungenes Drama. Es ist in der That, bemerkt derselbe Gelehrte weiter, ein launiges, neckisches Spiel von heiterer Verwickelung, in welcher selbst der Kannibalismus des *Polyphemos* ein gut Theil seiner natürlichen Abscheulichkeit verliert.

Das Stück ist, wie es die antiken Theaterverhältnisse mit sich brachten, gleich den attischen Tragödien und Komödien, sehr einfach angelegt: Die gesammte Handlung zerfällt hier blos in zwei Theile oder Acte, deren Scenen weder zahlreich sind, noch sonst ein grosses Personal, noch auch einen künstlichen

Wechsel aufweisen. Die Hauptpersonen sind *Odysseus*, der *Kyklop*,
Seilenos und die *Satyrn*, lauter wesentliche Bestandtheile eines
Satyrstücks.

Odysseus spielt die Heroenrolle, *Polyphemos* die des Unholds
und ungeschlachten Riesen, *Seilenos* und seine Buben, die *Satyrn*,
sind die neckenden Gesellen und Lustigmacher, welche nach beiden Seiten, sowol gegen den *Heros* als gegen den Unmenschen
in ihrer Weise reagiren, indem sie jenen aufhalten und hinauszie-
hen, diesen äffen und verspotten. Demgemäss ist *Odysseus* von
dem Dichter seinem Charakter entsprechend dargestellt als der
Held der edlen List und Tapferkeit, welcher nicht ruht, bis geschehen ist, was die Ehre gebietet, bis das Ungeheuer bestraft
ist und die Freunde mit ihm gerettet sind. Im *Kyklopen* ist neben seiner Sinnlichkeit und Ruchlosigkeit gegen Menschen und
Götter auch die Dummheit und Ungeschliffenheit trefflich geschildert. Wir haben hier den Fleischesmenschen in der nacktesten
Gestalt und einen rohen Egoismus, welchem Freude an dem bor-
nirten selbstvergötterten Ich, ferner Genusssucht und sinnliches
Wolsein das Höchste sind [26]).

Sein Vogt und Haushofmeister *Seilenos* steht ihm würdig
zur Seite. Durch scheinbare Unterwürfigkeit, Augendienerei und
Schmeichelei gegen alle seine Launen und Lüste weiss dieser
seinen hirnlosen Herrn so zu beherrschen, dass er ihn keines
Betruges für fähig hält und fester auf ihn baut, als auf *Rhada-
manthys* (v. 273 f.). Endlich die *Satyrn*, die Söhne des *Seilenos*,
haben gleich ihrem schalkhaften Papa nur Sinn für Wein und
Liebe, und offenbaren bisweilen ihren Geschmack auf eine etwas
derbe Weise. Sie leben gerne und geniessen das Leben, ohne
sich's eben sauer werden zu lassen; darum sind sie auch feig-
herzig von Hause aus, und nach Innen und Aussen ohne alle
moralische Kraft, dabei aber witzig, immer heiter, unterhaltend
und plauderhaft. Sie sind entzückt über des Helden Anschlag,
den Menschenfresser zu blenden, versprechen Alles und prahlen,
halten aber Nichts, als es zur That kommt. Nur von weitem aus-
serhalb des Schusses wirken sie mit durch Anstrengung ihrer

Lungen in Schreien und Poltern. Und als der Geblendete heraustritt, um seinen Feind zu verfolgen, da foppen und narren sie ihn unbarmherzig. Schliesslich sind sie so artig, ihren Retter zu Schiffe zu begleiten, um in der Heimat dem Gotte *Bakchos* besser, als hier, dienen zu können.

Es scheint, dass *Euripides* das bekannte Gesangstück der *Odyssee* (lib. IX. v. 105 ff.), welches von dem Abenteuer des *Odysseus* mit dem *Kyklopen Polyphemos* handelt, als vornehmste Quelle für seine vorliegende satyrische Dichtung benutzt hat. Denn der Gesammtverlauf des Ereignisses ist der nämliche, wie er von *Homer* geschildert worden. Ob unser Dichter ausserdem noch die Arbeiten von Vorgängern berücksichtigt, muss als sehr zweifelhaft dahingestellt bleiben [27]). Abgesehen davon, dass seiner Phantasie die homerische Darstellung eine hinreichende Fülle des Stoffes gewährte, zeigt sich in der That, dass er nur wenig zu dieser Urquelle hinzugedichtet und nichts weiter geändert hat, als was für den Bühnengebrauch umgestaltet werden musste [28]). Wie er der letzteren Forderung in den Einzelheiten genügt habe, erkennen die Leser selbst aus der Vergleichung mit der epischen Ausführung des *Homer*. Wir müssen es dem Dichter schon zutrauen, dass er in seinen Verhältnissen besser, als jeder von uns, zu ermessen vermochte, was für das Theater passe und was man dem Epos lassen müsse. So, um nur Einiges zu erwähnen, durfte der Dichter die Höhle nicht verschliessen und den *Odysseus* nicht einsperren lassen, weil sonst von allem demjenigen, was nach dem ersten Empfange beim Kyklopen vorgeht, nichts auf die Bühne gebracht werden konnte. Und hätte ferner der Dichter das Anhängen der Griechen an die Bäuche der Widder vorbringen wollen, so würden Schaafe statt Menschen die Hauptrollen bekommen haben. Dagegen beachte man, wie zweckmässig *Euripides* den Chor in die Handlung verflochten hat, und wie gut das öftere Heraustreten des *Odysseus* zum Chore motivirt ist. Fast unnatürlich ist, unmittelbar nachdem der Chor ermahnt worden ist, mäuschenstill zu sein, die Aufforderung, während der Blendung durch lauten Zuruf die Griechen zum Angriff zu ermuntern.

Allein dieser Zuruf ist nothwendig für die Zuschauer, damit die
That so empfunden werde, wie wenn sie vor ihren Augen ge-
schäbe. Ein anderes Missverhältnis liegt darin, dass alle Ge-
räthschaften des *Kyklopen*, auch der Balken, mit welchem er geblendet wird, so riesengross geschildert werden, wie sie zwar
wol für den homerischen *Kyklopen* passen würden, nicht aber
für denjenigen, welcher hier auf der Bühne erblickt wurde: denn
auch die grösstmögliche Statur des Schauspielers, unterstützt von
allen möglichen Vergrösserungsmitteln der Vermummung, konnte
doch nicht mehr als etwa eine anderthalbige Menschengrösse
hervorbringen Allein in demjenigen, was den Zuschauern blos
erzählt wird, darf der Dichter getrost Uebertreibungen wagen:
denn, bestochen von der Wahrheit der übrigen Erzählungen, rech-
nen die Zuschauer nicht nach, und die Täuschung macht
Vergnügen.

Uebersetzung des „Kyklops".

PERSONEN:

Polyphemos (ein K y k l o p, der Sohn des P o s e i d o n).
Seilenos (der ehemalige, alte Erzieher des D i o n y s o s [= B a k c h o s,
B r o m i o s]).
Odysseus (König von I t h a k a, aus T r o i a zurückkehrend).
Chor (bestehend aus S a t y r n, den Söhnen des S e i l e n o s).

ORT DER HANDLUNG.

(Eine öde und vielfach zerklüftete Küstengegend Siciliens in der Nähe
des Aetna. In der Mitte der Bühnenwand, erblickt man die Höhle des Kyklopen Polyphemos, zu der ein ziemlich geräumiger Eingang führt; neben
ihr rohe Hürden für das Vieh. Rechts führt ein Weg in das Innere der
Insel, links zur Meeresküste. Die Orchestra stellt ein steiniges Weideland
vor der Höhle dar.)

Prolog.

(Seilenos, eine eiserne Harke in der Hand, tritt aus des Kyklopen
Höhle).

Seilenos (allein).

O Bromios, durch dich leid' ich tausendfache Noth,
So jetzt wie vormals, als ich stand in Jugendkraft!
Zum Ersten, als du, toll gemacht durch Hera's Groll,
Den Pflegenymphen im Gebirg entlaufen warst;
Dann gar, als ich dir traulich im Gigantenkampf   5
Zur Seite stand als wack'rer Kampfgenoss, und den
Enkelados, die Tartsche mitten treffend, mit
Dem Speer erlegte! Halt, lass seh'n: Schwatz ich im Traum?
Nein, nein! ich wies die Beute ja auch dem Bakchios.
Und jetzt hab' ich noch gröss're Noth, als jene war.   10
Denn als die Hera der Tyrrhener Räuberbrut
Auf dich gehetzet, dass verkauft du würdest fern,
Da schiffte ich, das vernehmend, sammt den Kindern fort,
Um dich zu suchen. Auf dem hohen Schiffsverdeck
Lenkt' ich das festgefügte Schiffessteuer selbst,   15
Und meine Söhne, am Ruder thätig, peitschten weiss
Die blaue Salzfluth: also sucht' ich dich, o Herr.
Und schon Malea nahe schifften wir heran,
Da blies ein Ostwind wüthend in das Boot hinein
Und warf uns her auf Aetna's Felsenriffe da,   20
Wo nur in öden Grotten .haus't des Meergotts Brut,
Einäugige Kyklopen, Menschenschlächter wüst.
Von diesen fing uns einer und wir dienen ihm
Daheim als Knechte; dem wir fröhnen nun, nennt sich
Polyphemos. Anstatt froher Bakchosfeier übt   25
Man Hirtendienst dem Greuelkerl Kyklopen jetzt!
Und meine Buben weiden am Bergleitensaum
Die Lämmer also, jung und zart so wie sie selbst;
Mir war das Amt die Tröge anzufüllen und
Die Höhle auszufegen und dem scheusslichen   30
Kyklopen zu bereiten sein verruchtes Mahl.
Auch heute muss ich nach des Dienstes harter Pflicht
Die Wohnung säubern mit dem Eisenkarste da,

Damit wir den Gebieter, welcher draussen weilt,
In reiner Höhl' empfangen können sammt der Herd.   35
Schon weiden, seh' ich, meine Knaben dort das Vieh
Heran. (Zu dem auftretenden Chor): Was soll das? Tanzet ihr den
                                              Sikinistanz
Heut wieder, wie vor Zeiten, als, dem Bakchios
Gesellt als Festchor, ihr zum Haus Althaias zogt,
Beim Klang der Laute schwenkend euch von Lust bewegt?   40

(Der Chor, Schaafe und Ziegen hütend, die jedoch nicht sichtbar
werden, zieht durch den rechten Eingang in die Orchestra.)

Einzugsgesang des Chors.

S t r o p h e :

Heda, du, von edlen Vätern entstammt,
Aus edlen Müttern erzeugt,
He, was ziehst du mir auf den Fels?
Ist nicht hier fächelnde Kühle,
Nicht dahier üppiges Gras?   45
Nicht vom Bache sprudelndes Nass
Hier in Trögen, nahe dem Stall,
Wo dich ruft der Jungen Geblöck?
Psytt! nicht dorthin! He, weide doch da
Am thauigen Rain!   50
Hohoh! Gleich werf auf dich ich den Stein!
Nur voran, nur voran, Hornträger,
Zu des Kyklopen Gehölte,
Des schaafenährenden Wildlings!

G e g e n s t r o p h e :

Mache mir dein strotzend Euter nun leer: ·   55
Nimm an die Zitzen die Brut,
Die dir in der Hürde verblieb.
Dich ruft das Blöcken der Jungen,
Die lagernd schlummern am Tag.

Willst du endlich nicht einmal fort,
Weg von der fettgrasigen Trift,
Hin in Aetna's Felsengehöft?

— — — — — — —

Nachgesang:

Hier ist nicht Bromios, hier ist nicht Tanz
Noch Bakchen, thyrsosbewehrt,
Nicht Wirbel schmetternder Pauken
Bei wassersprudelndem Quell,
Nicht des Wein's hellperlender Trank
In Nysa nicht mit den Nymphen
Iakchos, Iakchos sing' ich
Zu Ehr' und Preis Aphroditens,
Die ich einst jagend erhascht
Im Kreis weissfüssiger Frau'n.
Lieblicher, trautester Bakcheios, wo weilst du allein,
Schüttelst du dein Goldhaar?
Doch ich, dein trauter Gesell,
Fröhne dem Kyklopen,
Der nur ein Aug' hat, irre als Frohnknecht
In des Bocksfells schmutzger Kleidung umher,
Deiner Freundschaft beraubt.

Erstes Epeisodion.

Chor, Seilenos, (bald darauf) *Odysseus* (mit Gefährten):
(später) *Polyphemos.*

Seilenos (hastig).

Schweigt jetzt, ihr Buben, heisst die Knechte gleich das Vieh
Eintreiben in den felsumhangenen Grottenstall.

Chor (zu den Knechten).

Herbei! (Zum Seil.) Doch was für Eile, Vater, hast du denn?

Seil. Ich seh' am Ufer eines Griechenschiffes Kiel
    Und Ruderknechte, geführt von einem Oberhaupt,
    Hieher zur Höhle wandern: Auf den Schultern trägt   85
    Man leere Fässer, Nahrung wol zu holen sich,
    Und Wassereimer. Ach, die armen Fremdlinge!
    Wer sind sie nur? Sie kennen meines Herren Art,
    Polyphemos nicht, indem sie sein ungastlich Dach.
    Betreten, unglückselig dem Kyklopen-Schlund,   90
    Des Menschenfressers, sich genaht in blindem Wahn.
    Doch bleibet ruhig, dass wir hören, von woher
    Sie nach Sicilien kommen an dies Aetna-Riff.

    (Die Griechen unter Führung des Odysseus betreten durch den linken
Eingang die Bühne.)

Odyss. Ihr Freunde, sagt uns, wo wir frisches Wasser hier,
    Des Durstes Heilung, finden; auch, ob etwa wer   95
    Bedürft'gen Schiffern Mundbedarf verkaufen will?
    Was seh' ich? Bromios' Stadt, scheint's, haben wir erreicht:
    Von Satyrn seh' ich einen Schwarm am Felsen dort.
    (Zu Seil.) Ich grüsse denn zuerst dich, als den ältesten.
Seil. Dank, Freund! Doch sage, wer du bist und wo zu Haus.   100
Od. Odysseus, Kephallenen-Fürst, aus Ithaka.
Seil. Ich kenn' den schlauen Schreihals, Spross des Sisyphos.
Od. Ja wol, derselbe bin ich. Aber läst're nicht.
Seil. Von wannen schiffend kommst du nach Sicilien her?
Od. Von Ilios und den Trojanerkämpfen her.   105
Seil. Wie? war die Fahrt zum Heimatland dir nicht bekannt?
Od. Mich raffte Sturmeswüthen mit Gewalt hieher.
Seil. Potz Tausend! also trägst du gleiches Loos mit mir!
Od. Auch du bist also wider Willen her versetzt?
Seil. Nachjagend Räubern, die den Bromios weggeschleppt.   110
Od. Doch welches Land ist das da? und wer wohnt darin?
Seil. Aetna's Gebirg, der Gipfel von Sicilien.
Od. Die Mauern doch, wo sind sie? und die Burg der Stadt?
Seil. Das gibt's hier nicht: die Halden, Freund, sind menschenleer.
Od. Wer aber wohnt im Lande? Wilde Thiere wol?   115

Seil. Kyklopen: Höhlen, keine Häuser haben sie.

Od. Wem unterthänig? Oder hat das Volk die Macht?

Seil. Nomaden sind's: in Keinem Keiner Keinem folgt.

Od. Baut man Demeters Früchte? Wovon lebt man denn?

Seil. Von Milch und Käsen und von Fleisch des Heerdenviehs. 120

Od. Kennt man den Trank des Bromios, den Rebensaft?

Seil. Bewahre: Darum ist das Land so reigenlos.

Od. Und sind sie gastfrei, gegen Fremde wolgesinnt?

Seil. Das süsseste Fleisch, so sagen sie, sei Menschenfleisch.

Od. Was sagst du? Also Menschenfrass wär' ihre Lust? 125

Seil. Es kam noch Niemand, welcher nicht ward abgewürgt.

Od. (hastig und scheu um sich blickend).

Und der Kyklop — wo ist er? In der Grotte drinn?

Seil. Ist fort, am Aetna jagt er mit den Hunden jetzt.

Od. Nun weisst du was du thun wirst, und wir ziehen fort?

Seil. Weiss nicht, Odysseus, alles möcht' ich thun für dich. 130

Od. Verkauf uns Lebensmittel, dran es uns gebricht.

Seil. Es gibt, wie ich schon sagte, andres nichts als Fleisch.

Od. Vortrefflich stillet ja auch das des Hungers Pein.

Seil. Auch Ziegenmilch und Feigenkäse ist noch da.

Od. Lasst seh'n! Beim Kaufgeschäft ja braucht man helles
Licht. 135

Seil. Doch, wie viel Goldes, sag', dafür du zahlen willst?

Od. Nicht Gold, den Trank Dionysens bringe ich mit mir.

Seil. Du nennst, o Bester, was wir lange schon vermisst.

Od. Und zwar gab Maron mir den Trank, des Gottes Sohn.

Seil. Den ich in meinen Armen da einst grossgenährt?

Od. Des Bakchos Sprössling; hör' es so noch deutlicher. 140

Seil. Liegt er im Schiffsraum? Oder hast du ihn bei dir?

Od. Der Schlauch hier, Alter, wie du siehst, der birgt den Wein.

Seil. D e r Tropfen füllte schwerlich mir auch nur den Mund.

Od. Doch, zweimal noch soviel, als aus dem Schlauche fliesst?

Seil. O edle Quelle, die du nennst, mir süsser Trank! 145

Od. Soll ich dir erst kredenzen von dem lautren Wein?

Seil. Natürlich! denn das Kosten führt den Kauf herbei.

Od. (langt einen Becher hervor).

Nun wol; ich schlepp' auch mit dem Schlauch den Becher mit.
Seil. Heraus damit, zu laben mich am alten Trank!

Od. (einschenkend).

Da sieh'! *Seil.* (dem der liebliche Duft, während Odysseus noch einschenkt,
schon die Nase berührt) Potz Tausend! Wie so herrlich ist
sein Duft! 150
Od. Du sah'st ihn also? *Seil.* Das grad' nicht, doch riech' ich ihn.

Od. (den Becher darreichend).

So kost' ihn jetzt und lobe nicht mit Worten bloss!

Seil. (den Becher in die Höhe haltend).

Juchhei! Zum Reigentanze ruft mich Bakchos auf.
(trinkend) Ah! ah! ah!
Od. Hat er die Kehle dir recht herrlich ausgespült?
Seil. Bis in die Zehenspitzen drang er mir hinab. 155
Od. Und ausserdem noch baares Geld bezahlen wir.
Seil. Den Schlauch nur sollst du öffnen; Geld, das lass du sein!
Od. So bring' uns Käse oder junges Vieh heraus!
Seil. Ich will es thun, mich wenig kümmernd um den Herrn.
Den Becher nur zu leeren fasst mich Fieberglut, 160
Und sollt' es kosten selbst das ganze Kyklopen-Vieh;
In's Meer möcht' ich mich stürzen, ab vom Leukas-Fels,
Für einen Rausch nur, der die Runzeln mir vertreibt.
Denn wer am Trinken keine Lust hat, ist verrückt.
Der Wein ja ist's, der alle Lebensgeister weckt, 165
Der uns das Kosen lehret, Liebeslust entfacht;
Beim Weine nur da tanzet um die Wette man,
Vergisst den Gram. Und sollt' ich also diesen Trank
Nicht kaufen, und des Kyklopen dummen Kopf dabei
Zum Kukuk wünschen sammt dem Auge mitten drin? 170
(Seilenos in die Höhle ab).
Chor. Horch' auf, Odysseus! plaudern wir ein wenig noch!
Od. Ganz recht! als Freunde kommet nur zum Freund' getrost!

2

Chor. Bekamt ihr Troia und Helene in eure Hand?

Od. Ja wol, und haben Priams ganzes Haus zerstört.

Chor. Nun, als das Frauchen dann in euren Händen war, 175
Habt ihr nicht alle, Mann für Mann, es durchgeküsst,
Da doch nur Wechsel vieler Männer ihr behagt?
Die Falsche, die die bunten Pluderhosen sah
An seinen Beinen, und um seinen Hals herum
Das gold'ne Halsband, und war bald in ihn so sehr 180
Vernarrt, dass sie dem bravsten Männchen von der Welt
Menelaos durchgieng. Gäb' es doch ein Weibervolk
Gar nie und nirgends — ausser ganz allein für mich!

Seil. (kommt mit Lämmern und Käse zurück).

Seh't her, hier habt ihr Stücke von dem Weidevieh,
O Fürst Odysseus, junge blöckender Schaafe Zucht, 185
Und keinen kleinen Haufen Käs aus saurer Milch.
Nehmt hin und macht euch eiligst von der Höhle fort,
Nur gebt mir erst der Rebe frohen Trank dafür.

(er erblickt von Ferne den Kyklopen)

O weh! da kommt der Kyklop herbei! was fang ich an?

Od. Wir sind daher verloren, Alter! Wo flieh'n wir hin? 190

Seil. In diese Felskluft, wo ihr euch verstecken könnt.

Od. Ein schlimmer Rath das, einzulaufen so ins Netz.

Seil. Kein schlimmer; viel Schlupfwinkel hat die Felsenkluft.

(ab in die Höhle)

Od. Doch nein: vor Unmut stöhnen müsste Troia wol,
Wenn wir vor e i n e m flöhen, während ich so oft 195
Unzähl'ge Phryger-Schaaren mit dem Schild bestand.
Nein, soll der Tod uns treffen, sei's ein edler Tod,
Und leben wir, so bleibt uns treu der alte Ruhm.

(O d y s s e u s mit seinen Gefährten tritt zur Seite. Der K y k l o p tritt
auf mit Jagdhunden.)

Kyklop (ohne Odysseus zu sehen, hänselt die unruhig bewegten
Satyrn).

Da schau' man her! Was soll das? Welche Lustigkeit?

Was soll der Jubel? Es ist nicht Dionysos hier,   200
Nicht Kupfer-Klappern und der Pauken dumpfer Klang!
Wie steht's im Stalle mit der jungen Heerde Zucht?
Sind an den Eutern alle, laufen alle hübsch
Den Müttern an die Bäuche? Habt ihr ausgepresst
In Binsenkörben fetten Käses volles Mass?   205
Was sprecht? was sagt ihr? Oder gleich soll dieses Holz
Euch weinen machen! Blickt empor und nicht hinab!

Chor (die Hülse emporreckend).

Sieh', bis zum Himmel reck' ich meinen Blick empor
Und sehen nun Orion und der Sterne Heer.
Kykl. Habt ihr mein Frühstück zubereitet, wie's geziemt?   210
Chor. Ja wol. Die Kehle nur sei dir dazu bereit.
Kykl. Sind auch die Krüge schon mit frischer Milch gefüllt?
Chor. Austrinken kannst du, wenn's beliebt, ein ganzes Fass.
Kykl. Schaaf- oder Kuhmilch oder ist's gemischter Trank?
Chor. Wozu du Lust hast; wenn du nur nicht m i c h ver-
                                                   schlingst.   215
Kykl. Bewahre! Denn ihr würdet gar in meinem Bauch
         Durch euer Tanzen mich zu Tode zappeln noch.

(Er erblickt Odysseus und dessen Gefährten. Seilenos, jämmerlich
zugerichtet, kommt aus der Höhle zurück).

Ha! welch Gesindel seh' ich bei den Ställen dort?
Sind Räuber hier gelandet oder Diebesvolk?
Ich seb' ja Lämmer, die aus meiner Höhle sind,   220
Mit schwanken Weidenruthen Leib an Leib geschnürt,
Und Käsebütten noch dazu, und hier den Greis,
Von Schlägen ganz geschwollen sein Kahlkopf-Gesicht.
Seil. Weh mir, mich Armen fiebert: so zerbläut bin ich!
Kykl. Von wem, o Greis? Wer übt' an deinem Kopf die
                                                   Faust?   225
Seil. Von diesen, Kyklop, weil ich dein Gut nicht rauben liess.
Kykl. Sie wussten nicht, dass ich ein Gott, von Göttern stamm'?
Seil. Ich sagte das; sie aber trugen fort dein Gut,

Und frassen, trotz dass ich es wehrte, deinen Käs,
Und schleppten her die Lämmer; zudem drohten sie   230
Mit einer Kette, dick dreiellen, zu binden dich,
Und durch dein Auge dann zu zieh'n die Eingeweid,
Mit Peitschen dir den Rücken durchzugerben brav,
Darauf geknebelt auf das Schiffsverdeck dich hin
Zu werfen, um dich zu verhandeln irgendwem   235
Zum Steinewälzen oder in ein Mühlenwerk.

Kykl. Wahrhaftig? Augenblicklich geh' und schleife mir
Die Küchenmesser, schlicht' ein grosses Bündel Holz
Und zünd' es an, dass abgemetzelt allsogleich,
Sie mir den Magen füllen, indem ich heiss das Mal   240
Theils von der Kohle weg verzehre ohne Koch,
Theils aus dem Kessel, gar gekocht und weich geschmort '
Denn satt zum Eckel bin ich schon der Wildpretskost,
Genug der Löwen wie der Hirsche speiste ich:
Doch ist es lang her, seit ich Menschenfleisch genoss. 245
Seil. Ja, neue Bissen schmecken auf gewohnte Kost,
O Herr, weit besser. Freilich, keine Fremden sind
Zu deiner Höhle hier gekommen neuerdings.
Od. Kyklop, nun hör' auch auf die Fremden wiederum.
Wir wünschten bloss uns einzukaufen Mundbedarf,   250
Und sind so deiner Höhle her vom Schiff genaht.
Die Lämmer hat er uns für Becher Weins verkauft
Und ausgeliefert, gleich nachdem er ausgezecht,
Ganz froh zu unsrer Freude; hier war nirgends Zwang.
Allein von dem, was er jetzt schwazt, ist alles Trug, 255
Weil beim Verkaufe deines Guts du ihn ertappt.
Seil. Mich? Dass dich doch der Henker —! *Od.* Wenn ich lüge, ja!
Seil. Nein, bei Poseidon, welcher dich gezeugt, Kyklop,
Nein, bei dem allgewalt'gen Triton und Nereus,
Nein, bei Kalypso und der Nereiden Schaar,   260
Nein, bei den heil'gen Wogen und der Fische Brut,
Ich schwör' es, o Kyklöpchen, o du niedlichstes,
O du mein Herrchen, dass ich nimmermehr dein Gut

Verkauft den Fremden. Möge sonst ein schlimm·r Tod
Die schlimmen Buben treffen, die mir doch so lieb!   265

Chor. Behalt's für dich! Ich sah doch selbst, wie du das Gut
      Verkauft den Fremden; ist mein Wort nicht wahr,
      So sterb' mein Vater; doch die Fremden lass in Ruh!

Kykl. Ihr lügt! ich traue diesem da wol mehr
      Als Radamanthys, halt' ihn noch für redlicher.   270
      Doch will ich fragen: Fremde, sagt, woher ihr kam't,
      Woher ihr stammet, welche Stadt euch auferzog?

Od. Dem Stamm' nach sind wir Ithaker, von Ilios
      Zerstörter Burg heimsegelnd hat ein Meeressturm
      Nach deinem Land uns her verschlagen, o Kyklop.   275

Kykl. So seid ihr solche, die der entführten Buhlerin
      Nachzogt zur Veste Ilios am Skamanderfluss?

Od. Ja d i e, wir haben überstanden die Schreckensnoth.

Kykl. Schmachvoller Heerzug, wenn ihr e i n e m Weib zu lieb
      Ausrücktet hinzuschiffen nach dem Phryger-Land!   280

Od. Es war der Götter Fügung; schilt nicht Menschen aus.
      Wir aber, edler Sohn des Fluthengottes du,
      Wir fleh'n zu dir und mahnen dich ganz frank und frei:
      Nicht wag's zu morden uns, die Fremden, die gelangt
      Zur Grotte, und aufzutischen einen Greuelfrass.   285
      Wir haben doch, o König, deinem Vater so
      Geschützt die Tempelsitze rings in Griechenland
      — Der heil'ge Hafen Taenaron steht unversehrt
      Und Maleas hohe Buchten, wie der herrlichen
      Athena silberreicher Fels auf Sunion,   290
      Gaeraestos' Zufluchtshäfen — und die unsinn'ge Schmach,
      Verübt an Hellas, schenkten wir den Phrygern nicht;
      Das nützt auch dir: Du wohnst ja auch in Hellas' Gau'n,
      Hier an des Aetna feuersprüh'ndem Felsenhaupt.
      (Hab' Scheu vor Zeus, der jeden Frevel streng bestraft);
      Auch sollst du doch nach Menschen-Brauch vernünftig sein 295
      In Schutz zu nehmen fleh'nde Schiffbruchleidende,
      Geschenke auch zu geben, Kleider in der Noth,

Und nicht ihr Fleisch an Rinder-Braten-Spiesse hin
Zu stecken, Schlund und Magen dir zu sättigen.
Genug bereits hat Troia Griechenland verwaist   300
Und vieler Leichen speervergoss'nes Blut geschlürft,
Und Frau'n verwittwet, alte Mutter kinderlos
Gemacht und greise Väter; wenn du noch den Rest
Am Feuer dir zum grausen Male rösten willst,
Wohin sich wenden? Lass bereden dich, Kyklop: 305
Bezähme deines Schlundes Gier, und fromme That
Zieh' vor der Unthat; denn es hat so manchem schon
Ein schnöder Vortheil harte Strafe eingebracht.
Seil. Ich will dir rathen: lass von seinem Fleische ja
Kein Stückchen übrig; wen du noch die Zunge iss'st,   310
So wirst du gar verschmitzt und wolberedt, Kyklop.
Kykl. Der Reichthum, Männlein, ist für kluge Leute Gott,
Das And're Bombast, hohler Phrasen Flitterwerk.
Die Meereshöhen aber, wo mein Vater thront,
Die lass' ich steh'n; was tischtest du denn diese auf? 315
Den Donnerkeil des Zeus, den fürcht' ich nicht, o Freund,
Noch weiss ich auch, dass Zeus ein stärkrer Gott als ich.
Sonst scheert mich nichts: wie wenig es mich kümmert, sollst
Du hören! Giesst er oben Regenström' herab,
So habe in der Höhle da ich Schutz und Schirm,   320
Und schmause Rinderbraten oder Wildpret auch,
Ganz hübsch befeuchtend dann den aufgereckten Bauch
Mit einem Eimer lautrer Milch, auf dass es kracht
Von meinem Donner, ganz so wie von dem des Zeus.
Und wenn der Nord von Thrakien seinen Schnee ergiesst, 325
So hüll' in Felle ein ich ruhig meinen Leib,
Und Feuer schürend kümmert mich der Winter nicht.
Die Erde aber, will sie oder will sie nicht,
Sie muss mir Gras erzeugen, Nahrung für das Vieh.
Und letzt'res schlacht' ich keinem Gott als mir allein 330
Und meinem Bauch da, aller Götter grössestem.
Denn trinken nur und essen Tag für Tag hindurch,

Das ist für Leute, die vernünftig sind, der Zeus,
Und sich um nichts abhärmen. Die Gesetz und Brauch
Erfanden und der Menschen Leben bunt gefärbt,   335
Die hol' der Henker! Meinem Herzen gütlich thun
Will ich deswegen immerdar, und fresse dich!
Als Gastgeschenke sollst, damit man mich nicht schilt,
Du haben Feuer, Wasser und den Kessel, der
Im Sieden schön umfasst dein Fleisch, das lästig dir. 340
So geht hinein, dass um des Höhlengotts Altar
Herum gestellt ihr mir zum leckern Male dient.

    (Treibt die Gefährten des Odysseus vor sich in die Höhle.)

Od. Weh, weh, der Müh'n um Troja und zur See bin ich
Entronnen, aber·strande nun am wüsten Sinn
Des Frevlers und an seinem Herzen hafenlos.   345
O Pallas, o du mächt'ge Göttin, Zeus entstammt,
Jetzt, jetzt errett' uns! denn in gröss'ren Nöthen bin
Ich, als vor Troja, und an der Gefahren Rand.
Und du, der thront in hellen Sternenräumen, Zeus,
Des Gastrechts Schützer, schau' den Frevel! Siehst du's
                      nicht,   350
An einen Zeus-Gott glaubt man leer, und du bist nichts.

    (Da der Kyklop sich auch ihm naht, mit diesem und Seilenos ab in
die Höhle.)

Chorgesang.

Reiss thorweit die Lefzen auf, o Kyklop,
Von deinem breiten Rachen! Denn bereit ist dir
Jetzt zu zerkauen Gesott'nes, Gebratenes warm von den Kohlen,
Zu bröckeln, zu zerstückeln Fremden-Fleisch,   355
Auf die zottigen Felle von Ziegen gelehnt.
Doch mir gib davon Nichts!
Allein für dich nur lenke deiner Fähre Kiel.
Fahre hin ein solch Gehöfte,
Fahre hin, du Opfermahl,   360
Wie das ruchlose Ungethüm sich es hält,

Aetna's Kyklop, welcher am Frass
Von Fremdenfleisch sich so ergötzt.
Scheusal, der du so grausam
Schlachtest fremde Gäste, die deinen Herd,   365
Anflehend dich um Schutz, besucht,
Schlingend, bröckelnd,
Schmausend mit gräulichen Zähnen den Braten von Menschen
Dampfend noch, frischweg von der Kohle Glut.

— — — — — — — — — — —

(Od. stürzt erschrocken aus der Höhle.)

Zweites Epeisodion.

Chor, Odysseus, (später) der Kyklop und Seilenos.

Od. O Zeus, was sag' ich? Schreckensdinge sah ich drinn, 370
     Unglaublich ist es, Fabeln gleich, nicht Menschenwerk!
Chor. Was gibt's, Odysseus? Hat vielleicht der Wütherich
     Kyklop die trauten Freunde dir verspeiset gar?
Od. Er wählte zwei und wog sie auf den Händen ab,
     Die stärksten unter allen, die das beste Fleisch.   375
Chor. Doch wie denn, Unglücksel'ger, ist euch das gescheh'n?
Od. Sobald wir eingetreten in den Felsenschlund,
     So schürt er erst des Feuers Glut, vom hohen Stamm
     Der Eiche Klötze schichtend auf den breiten Herd,
     Wie viel man auf drei Lasten-Wägen laden mag.   380
     Dann schiebt er sich von Fichtenlaub auf nied'rem Grund
     Ein Bett zusammen, nahe an die Feuersglut.
     Und seinen Kessel füllt er an, zehn Eimer gross,
     Mit weisser Kuhmilch, die er frisch gemolken hat.
     Auch einen Epheubecher stellt er neben sich,   385
     Drei Ellen breit, vier Ellen tief mag er wol sein,
     Und lässt den eh'rnen Kessel sieden an der Glut,
     Und bringt dann Spiesse, vorn vom Feuer hart gebrannt,
     Geglättet mit der Hippe, doch aus Dornenholz,

Schlachtschüsseln auch noch zu der Beile scharf Gebiss. 390
Und wie nun alles fertig ist dem Höllenkoch,
Dem gottverhassten, fasst und schlachtet er zwei Mann
Von meinen Freunden kunstgemäss mit Tact,
Den einen in des Kessels erzgetriebnen Bauch,
Den andern aber packt er an dem Fussgelenk   395
Und staucht ihn hin an eine spitze Felsenwand,
Dass ihm das Hirn verspritzt, und reisst das Fleisch herab
Mit gier'gem Messer, bratet es am Feuer gar;
Die andern Glieder wirft er in des Kessels Gischt.
Ich armer, dem die Zähre aus den Augen quoll,   400
Trat neben den Kyklopen und bedient' ihn noch.
Die andern aber stacken, Vögeln gleich, geduckt
In Felsenschluchten; in ihren Wangen war kein Blut.
Und als er, vollgestopft von meiner Lieben Frass
Hinsank, ausrülpsend schweren Brodem aus dem Schlund, 405
Da kam ein Göttergedanke mir: Mit Maro's Wein
Füll' ich den Becher, reich' davon zum Trank ihn dar
Mit diesen Worten: „O, des Seegotts Sohn, Kyklop,
Sieh', was für Göttertrank dir das Hellenenland
Bereitet von der Rebe, Dionysens Lust!"   410
Und er, vom Schandfrass übersatt, er nimmt ihn hin
Und sauft und leert denselben aus in e i n e m Zug,
Erhebt die Hand und schmunzelt: „Liebster fremder Mann,
Zum hübschen Mahle reichst du mir den hübschen Trank".
Und wie ich ihn nun froh und guter Dinge sah,   415
Reicht' ich den zweiten Becher dar, wol ahnend, dass
Der Wein ihn fällen, dass er uns dann büssen wird.
Schon fing er an zu johlen; und ich schenkte fort
Ein, Becher über Becher, bis sein Leib in Glut.
Jetzt singt er garstig beim Gestöhn der meinigen,   420
So dass die Höhle dröhnt. Indess gieng ich heraus
Ganz sachte, dich und mich zu retten, wenn du willst.
Doch sprecht nun: woll't ihr oder woll't ihr nicht entflieh'n
Dem ungeschlachten Wütbrich und in Bakchios

Behausung wohnen bei der Nymphen froher Schaar ?   425
Dein Vater drinnen hat mir zwar schon zugesagt ;
Doch ist er schwach und nun, geködert schon vom Wein,
Klebt er am Becher, wie am Leim der Vogel mit
Den Flügeln zappelnd; aber du bist jung und stark :
So rette dich mit mir, und deinen alten Freund   430
Dionysos suche wieder, welcher kein Kyklop.

Chor. O liebster, wenn ich schauen dürfte diesen Tag,
Der uns des Kyklops Greuel-Haupt entrinnen lässt !
Denn lange Zeit schon sind verwittwet wir, verwaist,
Und finden nirgends Rettung, nirgends Unterkunft.   435

Od. So höre schon die Strafe, die ich ausgedacht
Dem grimmen Thiere, deiner Knechtschaft Flucht zugleich.

Chor. Sprich! Denn nicht lieber hört' ich wol den sanften Klang
Asiat'scher Zither, als von des Kyklopen Tod:

Od. Zur Zechgesellschaft, den Kyklopen-Brüdern, will   440
Er gehen, voll von Wonne durch den Bakchos-Trank.

Chor. Ich merk': Du willst ihn packen einsam wo im Wald
Und morden, oder. stossen ihn vom Fels hinab.

Od. Nein, nichts dergleichen: schlauer ist mein Anschlag noch.

Chor. Wie denn? Dass schlau du, traun! das hab' ich längst
                                     gehört.   445

Od. Ich mahn' ihn ab von diesem Schwarm und sage ihm,
Den Kyklopen sollte er nichts geben von dem Trank,
Allein ihn habend soll er sich des Lebens freu'n,
Und wenn er einschläft dann, von Bakchios betäubt,
So liegt ein Oelbaum-Wipfel in der Höhle drinn,   450
Den mach' mit meinem Schwerte da ich vorne spitz,
Steck' ihn in's Feuer; seh' ich ihn dann angebrannt,
Fass' ich ihn glühend, fahre mitten in's Gesicht
Dem Kyklopen, dass die Glut sein Auge ganz versengt.
Denn wie ein Meister, welcher Schiffsgebälke fügt,   455
An zweien Riemen um und um den Bohrer dreht,
So will auch ich den Wipfel dreh'n im leuchtenden
Kyklopen-Auge, bis ich hab' den Stern versengt.

Chor. Juh! Juh!

Wir sind entzückt! Wir rasen ob des schlauen Plans!

Od. Dann bring' ich dich, die Freunde und den Alten dort 460
In meines dunklen Schiffes weitgewölbten Bauch,
Und Doppelruder führen uns aus diesem Land.

Chor. Könnt' nicht auch ich, sag', wie bei heil'ger Opferweih,
Mitfassen diesen Pfahl, den augenblendenden?
Denn gerne nähm' ich Antheil an dem blut'gen Werk. 465

Od. Das musst du wol; denn mächtig ist der Pfahl und schwer.

Chor. Die Last von Hundert Wägen heb' ich gern empor,
Wenn dem Kyklopen, welcher schmählich enden soll,
Das Auge wir ausräuchern wie ein Wespennest.

Od. Vorläufig stille; meinen Plan, den kennst du jetzt; 470
Dann, wenn ich winke, seid dem Meister dieser List
Gehorsam. Denn ich möchte meine Freunde nicht
Verlassen drinnen, nicht mich retten ganz allein.
Ich könnt' entkommen, da der Höhle ich entschlüpft;
Doch wär' es unrecht, ohne die Gefährten, die 475
Mit mir gekommen, mich zu retten ganz allein.

Erster Halbchor.

Nun wolan, wer zuerst, wer dem ersten zunächst
In der Reihe ergreift des Pfahles Gebälk,
Um zu stossen hinein in's Kyklopen-Gesicht,
Sein leuchtendes Aug' zu zermalmen? 480

(Man hört den Kyklopen in der Höhle johlen.)

Zweiter Halbchor.

Nur still, nur still! Schon kommt er berauscht
Abscheulich Gebrüll anstimmend, der Thor,
Der bald mir im Misston beulen noch soll,
Heraus aus dem steinigen Felsengemach.
Wolan, er lerne von uns den Gesang, 485
Den er nimmer gelernt,
Bald soll er durchaus erblinden.

Der ganze Chor.

Strophe 1. O wie selig, wer frohlocket
Bei der Trauben süssem Borne
Zum Gelage hingestrecket,   490
In dem Arm den Freund umfangend,
Auf dem Bett' die holde Blüte
Eines üppig-schönen Weibes,
Und von Oel duftend das Haupthaar,
Und er fragt scherzend: Wer will die Thür öffnen?   495
(Der Kyklop kommt aus der Höhle mit Odysseus und Seilenos.)

Kyklop.

Strophe 2. Lalalah! Ich bin von Wein voll,
Bin so froh beim Schwelger-Mahle,
Und der Bauch ist wie ein Schiff bis
Zum Verdecke ganz beladen.
Mich verlockt der Wiese Prangen   500
Zum Gelag in Lenzes-Tagen,
Zu der Sippschaft der Kyklopen.
Ei so gib, Fremdling, den Schlauch her, schenk' mir ein.

Der ganze Chor.

Strophe 3. Wie so hold er blinzelnd blicket,
Wie so hold er aus dem Haus' kommt.   505
Welch ein hübsches Liebchen liebt uns!
Eine helle Fackel harrt dein,
Wie die jugendzarte Nymphe
In der feuchten Grotte drinnen.
Und ein buntfarbiger Kranz wird   510
Um das Haupt sich bald herumwinden.

Od.   Kyklop, vernimm mich; denn gar wol bekannt bin ich
Mit jenem Bakchos, den ich dir zu trinken gab.
Kykl. Der Bakchios — für welchen Gott nun hält man ihn?
Od.   Als grössten wol für aller Menschen Lebenslust.   515
Kykl. Ach ja, so lieblich rülps' ich ihn den Schlund herauf.

Od.   Ein solcher Gott ist's. Keinem Menschen schadet er.

Kykl. Wie mag der Gott in einem Schlauche wohnen gern?

Od.   Wo man ihn hingibt, dorten weilet er vergnügt.

Kykl. Dass die Götter so in Häuten stecken, schickt sich nicht. 520

Od.   Wie? wenn er wolschmeckt? Ist das Fell dir dann verhasst?

Kykl. Den Schlauch veracht' ich; doch den Trank da hab' ich gern.

Od.   So bleib' denn hier und trink' und freu' dich doch, Kyklop.

Kykl. Ich soll den Brüdern nichts vom Tranke geben da?

Od.   Behältst du ihn selbst, so erscheinst du mehr geschätzt. 525

Kykl. Doch geb' ich auch den Freunden, bin ich nützlicher.

Od.   Die Zechgesellschaft liebet Zank und Schlägerei.

Kykl. Lass mich berauscht sein; keiner rührt mich dennoch an.

Od.   O bester, wer getrunken hat, der bleib' zu Haus.

Kykl. Ein Narr ist jeder, der nicht Zechgesellschaft liebt.   530

Od.   Und wer im Rausche doch zu Hause bleibt, ist klug.

Kykl. Was soll ich thun, Seilenos? Räthst zu bleiben du?

Seil. Gewiss; was brauchst du Zechgenossen noch, Kyklop?

Kykl. Schön blumig freilich ist von weichem Gras die Flur.

Seil. Gar herrlich ist's zu trinken hier im Sonnenschein.   535

Kykl. — — — — — — — —

Seil. So lass dich nieder, lehn' dich auf den Erdengrund.

            Kykl. (legt sich schwerfällig nieder.)

Nun gut.

Warum wol stellest du den Mischkrug hinter mich?

Seil. Dass keiner im Vorbeigeh'n ihn dir nimmt. *Kykl.* Du willst

Nur heimlich trinken. In die Mitte stell' ihn her.

            (Zu Odysseus.)

Du Fremdling, nenn' den Namen, den man gebrauchen soll.   540

Od.   „Niemand"; doch welche Gnade rühm' ich einst von dir?

Kykl. Von allen deinen Genossen speis' ich dich zuletzt.

Od.   Ein schönes Ehrengeschenk gibst du dem Gast, Kyklop.

Kykl. (zu Seil.) Heda, was machst du? Trinkst den Wein mir

                         heimlich aus?

Seil. Nein, nein, weil ich schön blinzle, küsste er mich nur.   545

Kykl. Du sollst's bedauern, wenn du ungeliebt ihn liebst.

Seil. Beim Zeus, er sagt ja, weil ich schön sei, lieb' er mich.

Kykl. Schenk' ein, und voll den Becher. Mach' und gib ihn her.

Seil. Wie ist die Mischung? Halt, ich muss sie prüfen doch.

Kykl. Dass dich —! Gib s o ihn. *Seil.* Nein, beim Zens, bevor
ich dich   550
Nicht seh' mit einem Kranz', und ich den Schluck probirt.

Kykl. Ein schlimmer Mundschenk! *Seil.* Nein, bei Gott, blos süsser Wein!
Du musst dich schnäuzen, ehe du den Trank erhältst.

Kykl. (tunt es.) Sieh', sauber sind · nun meine Lippen und mein
Bart.

Seil. So lege zierlich jetzt den Arm auf, trink' dann aus,   555
So wie du mich siehst trinken (Trinkt den Becher sehr schnell
aus.) und mich wieder nicht.

Kykl. Ah, ah, was machst du? *Seil* Wie so süss, in e i n e m Zug.

Kykl. (zu O d.) Nimm, Fremdling „N i e m a n d", sei doch du mein
Mundschenk selbst.

Od. Ja wol, vertraut ist meiner Hand der Rebensaft.

Kykl. So schenk' nun ein. *Od.* Ich schenk' schon ein,   nur
schweige du.   560

Kykl. Ein schweres Ding befiehlst du, wenn man viel gezecht.

Od. Da nimm, trink aus und lasse keinen Tropfen drinn,
Fortziehen muss man, bis man stirbt, an solchem Trank.

Kykl. Potz Blitz! Gescheidt doch ist das Holz des Rebenbaums.

Od Und wenn von ihm beim reichen Mahl' du reichlich zogst, 565
Durstlos den Magen netzend, schläfert er dich ein.
Doch lässt du etwas übrig, dörrt dich Bakchios.

Kykl. Juh, juh!
Kaum durchgeschwommen; das ist lautre Seligkeit!
Der Himmel da scheint mir, zur Erde fest verknüpft,
Herumzutanzen, und ich seh' den Thron des Zeus   570
Dort oben und die ganze Götter-Majestät.
Ich mag nicht küssen; die Grazien reizen mich umsonst.
(Fasst den Seilenos.) Hab' ich nur d e n Ganymedes, bei den
Grazien!

Ich ruhe dann ganz herrlich. Denn mir machen stets
Die Knaben mehr Vergnügen als das Weibervolk.   575

Seil. (Sucht sich dem Kyklopen zu entwinden.)
Bin ich denn aber Zens' Ganymedes, o Kyklop?

Kykl. Fürwahr beim Zeus, den ich entführ' aus Dardanos.
(Schleppt ihn nach der Grotte zu.)

Seil. Ich bin verloren, Kinder; schrecklich wird mir's geh'n.

Chor. Du schmähst und höhnst den Liebling, weil er trunken ist?

Seil. (während er fortgeschleppt wird.)
O weh, sehr bitter, seh' ich, wird der Wein mir bald.   580

Od. Wolan, Dionysens Kinder, edle Jünglinge,
Nun ist er drinnen; bald, vom Schlafe übermannt,
Wird er aus wüstem Schlunde speien Menschenfleisch.
Der Pfahl da drinnen in der Höhle dampft schon Rauch,
Bereit ist alles, nichts zu thun als nur das Aug'   585
Des Kyklopen auszubrennen; zeig dich nun als Mann.

Chor. Wie Fels und Diamanten ist ja unser Herz.
Geh' nur in die Höhle, eh' ein schmähliches Geschick
Dem Vater zustösst; hier ist alles dir bereit.

Od. Hephaistos, Aetna's Herrscher, mach' dich einmal los   590
Vom schlimmen Nachbar, sengend ihm den Augenstern,
Und du, o Schlummer, edler Spross der schwarzen Nacht,
O lasst nach solchen Troischen Heldenthaten nicht
Den Odysseus und die Schiffsgenossen untergeh'n
Durch einen, der sich nicht um Götter und Menschen
scheert.   595
Sonst muss der Zufall gelten uns als echter Gott,
Und die Götter sind dann schwächer, als das Ungefähr.
(Ab in die Höhle.)

Chorgesang.

Fassen wird jetzt beim Nacken eine Feuerzange ihn,
Der die Gastfreunde verzehrt; denn das Feuer wird   600
Tilgen bald der Augen Licht.

Schon ist angekohlt der Feuerbrand,
Liegt in der Asche verborgen der mächtige Eichast.   605
Maron, schreite vor, mache schnell.
Nimm dem verruchten Kyklopen das Lid,
Auf dass der Trank ihm schlecht bekommt.
Und ich möchte den epheutragenden Bromios   610
Den lang ersehnten wieder seh'n,
Enteilt des Kyklopen Wüstenei.
Doch, werd' ich das erreichen wol ?

(Odysseus kommt aus der Höhle zurück.)

Drittes Epeisodion.

Chor. Odysseus.

Od. Schweigt, bei den Göttern, Bestien, seid mäuschenstill,
Schliesst fest die Lippen ; und nicht athmen lass' ich euch, 615
Nicht blinzeln darf mir einer, nicht sich räuspern auch,
Dass nicht das Unthier werde wach, bis ihm das Licht
Des Auges ausgerungen ist durch Feuersglut.
Chor. Wir schweigen, schlucken durch die Backen ein die Luft.
Od. Wolan, hinein nun, um zu fassen mit der Hand   620
Den Feuerpfahl ; schon ist er tüchtig durchgeglüht.
Chor. Wirst du nicht ordnen, wer von uns den Feuerbrand
Zuerst anfassen und das Licht aussengen soll
[Dem Kyklopen, dass wir Theil am Glücke nehmen so?]

Erster Halbchor.

Wir stehen allzuweit entfernt von seiner Thür,   625
Um ihm ins Auge hin zu stossen den Feuerbrand.

Zweiter Halbchor.

Und wir, wir wurden jetzt auf einmal ganz gelähmt.
Erst. Hch. Da geht's euch ebenso, wie uns; sogar im Steh'n
Reisst's in den Füssen, und wir wissen nicht wohre

Od. Beim Steh'n ein Reissen? *Erst. Hch.* Und die Augen sind
                             dazu   630
    Uns voll von Staub und Asche, wissen selbst nicht wie.
Od. Ihr seid doch feige Kerle, helfet mir zu Nichts.
Chor. Weil unser Buckel und der Rückgrat dauert uns,
    Und wir die Zähne uns nicht gern durch seine Faust
    Ausschlagen lassen, das wär' feige Schuftigkeit?   635
    Doch ist von Orpheus mir bekannt ein Zauberlied,
    So mächtig, dass der Pfahl von selbst hinein ins Hirn
    Ihm fährt, den Einaug ganz versengt, den Erden-Sohn.
Od. Ich wusste längst schon, dass du so geartet bist.
    Jetzt weiss ich's besser. Meine eig'nen Freunde muss   640
    Ich denn gebrauchen. Wenn du schwach mit deinem Arm,
    So sollst du doch ermuntern, dass der kühne Muth
    Von meinen Freunden durch dein Rufen wird gestäblt.
Chor. Sehr gerne. (Bei Seite) Steht doch nur der Karer auf dem
                                      Spiel.
    (Laut.) Durch meinen Zuruf werde blind gemacht der
                                     Kyklop.   645
                (Odysseus ab in die Höhle.)

Chorgesang.

Joh, joh, aufs Wackerste nun stosst zu, beeilet euch.
Aussenget das Augen-Licht dem gastfressenden Wildling.
Senget, oh, brennet, oh, des Aetna grausigen Wirth.   650
Bohr' zu, ziehe fest, dass er im Schmerz nicht
Dir Schreckliches anthut.

(Der Kyklop stürzt geblendet aus der Höhle. Bald darauf Odysseus
mit seinen Gefährten.)

Exodos.

Chor, Kyklop, Odysseus (mit seinen Gefährten).

Kykl. Weh mir, der Stern des Auges ist mir ganz verkohlt. 655
Chor. Ein schöner Päan; sing' mir diesen, o Kyklop.
Kykl. Weh mir, o wehe! dieser Hohn! Mit mir ist's aus!

Doch sollt ihr nicht entflieh'n mir aus dem Felsen da
Frohlockend, Wichte! Denn am Schlundes-Thore hier
Stell' ich mich auf und tappe mit den Händen um.   660
Chor. Was Plunder schreist du, o Kyklop? *Ky.* Ich bin dahin.
Chor. Wol siehst du hässlich aus. *Ky.* Und elend noch dazu.
Chor. Du fielst berauscht wol mitten in die Kohlenglut?
Ky. „Niemand" erschlug mich. *Ch.* Also that dir keiner weh.
Ky. „Niemand" hat mich geblendet. *Ch.* Dann bist du nicht
                                                    blind.   665
Ky. Wärst du es! *Ch.* Ja wie könnte Niemand blenden dich?
Ky. Du höhnst; wo ist der „Niemand"? *Ch.* Nirgends, o Kyklop.
Ky. Der Fremde, dass du recht verstehst, that mir ein Leid,
Der Hundsfott, der mit seinem Tranke mich betbört.
Ch. Der Wein ist mächtig und es ringt sich schwer mit ihm. 670
Ky. Verflucht, entfloh'n sie oder sind da drinnen noch?
Ch. Sie haben sachte diesen Felsen-Schirm erreicht,
Und haben sich dort hingestellt. *Ky.* Zu welcher Hand?
Ch. Zu deiner Rechten. *Ky.* Wo? *Ch.* Gerad' am Felsen da.

(Der Kyklop rennt mit der Stirn an den Felsen.)

Hast du sie? *Ky.* Leid zum Leide, ja! Den Schädel hab'   675
Ich mir zerstossen. *Ch.* Und sie sind entwischt dir doch.
Ky. Hier nicht; du sagtest eben, hier. *Ch.* Hier mein' ich nicht.
Ky. Wo denn? *Ch.* So kehr' dich um, grad' dort, zur linken Hand.
Ky. Weh mir! Ihr höhnt mich, spottet meiner in der Noth.
Ch. Ich spotte nicht mehr: schnell, der „Niemand" steht
                                                    vor dir.   680
Ky. O Erzhalunke, wo nur bist du? *Od.* Fern von dir
In sich'rer Obhut birgt Odysseus seinen Leib.
Ky. Was sagst du? Welchen neuen Namen nennst du da?
Od. Odysseus, welchen Namen mir mein Vater gab.
So hast du büssen müssen für das Greuelmahl.   685
Denn Schande wär' es, da wir Troja ganz verbrannt,
Hätt' ich den Mord der Freunde nicht an dir gerächt.
Ky. Ach, ach, ein alter Seherspruch erfüllt sich nun,

Der prophezeite, dass ich werde blind durch dich,
Wenn du von Troja kämest. Doch auch du, fürwahr,   690
So hiess es weiter, solltest büssen für die That,
Umirrend auf dem Meere lange Zeit hindurch.

Od. Hol' dich der Henker; was ich sag, hab' ich gethan.
Ich geh' an's Ufer, lenke u eines Schiffes Kiel
Im Meer Siciliens nach meiner Heimat hin.   695

Ky. Mit Nichten; denn ich breche diesen Felsen ab,
Zerschmett're dich mitsammt der Mannschaft durch den Wurf.
Hinan die Höhe klimm' ich, blind auch immerhin,
Erkletternd hier die ganz durchhöhlte Felsenwand.

(Durch den linken Eingang ab; ebenso schon vorher Odysseus.)

Ch. Doch wir, Odysseus zugesellt auf seiner Fahrt,
Wir wollen fortan dienen nur dem Bakchios.

(Ab durch den linken Eingang der Orchestra.)

Anmerkungen.

Ich kann nicht umhin ein Paar Worte zur Rechtfertigung dieser meiner Programmabhandlung beizubringen. Sie war für mich nicht eine Muse-Arbeit, sondern vielmehr eine Muss-Arbeit. Ich war das Schuljahr hindurch mit ganz andern Dingen beschäftiget. Jedoch, nachdem ich einmal mein Wort gegeben hatte, die diesjährige Programmabhandlung zu liefern, wollte ich nicht mehr zurückstehen. Ich sehe mich daher veranlasst, in doppelter Beziehung um Entschuldigung und Nachsicht zu bitten.

Einmal, wenn ich vielleicht in meiner Eilfertigkeit, namentlich in der Einleitung, irgend etwas Wichtiges zu erwähnen vergessen, oder minder Wichtiges aufgeführt. Es ist bekannt, dass einem bei den Programmabhandlungen gleichsam die Blätter vorgezählt sind, die man nicht überschreiten soll. In welch peinliche Lage man dadurch oft kommt, wird bereits so Mancher an sich selbst erfahren haben. Daher: *Brevis esse laboro, obscurus fio,* wie schon der weise Mentor *Horatius* sagt.

Ferner muss ich um Nachsicht bitten, wenn mir etwa eine oder die andere einschlägige Schrift sollte entgangen sein. Ist in den Gymnasial-Bibliotheken überhaupt aus leicht begreiflichen Gründen die Euripides-Litteratur schwach vertreten, so ist dies ganz besonders hier der Fall, wo nur der wackere *Bothe* fungirt. Ich habe zwar selbst schon seit einigen Jahren Euripides-Litteratur gesammelt, ältere Werke mir sogar durch das Börsenblatt verschafft oder doch darauf gefahndet. Die Vollständigkeit kann aber für einen *Gymnasiallehrer* nur eine sehr relative sein, da er z. B. auf Anschaffung von wissenschaftlichen Zeitschriften aus naheliegenden Rücksichten *nolens volens* verzichten muss. Was ich aber auftreiben konnte — und ich hoffe, dass mir nichts Hochwichtiges entgangen — das habe ich, wie es Pflicht, ehrlich und redlich benutzt. Namentlich glaubte ich mir diese Pflicht auferlegt bei der Ueberzetzung. Ich habe mir recht gut das Wort E. v. *Leutsch's* zu Gemüthe geführt, wenn er (Philol. Anzeig. I. 1869, S. 168) bei Gelegenheit der Recension der Euripides-Uebersetzung von (*Fritze* und) *Theod. Kock* sagt: „Wenn andere es besser machen wollen als *Kock*, so werden sie tüchtig an ihrer Uebersetzung arbeiten müssen."

Fast jede Zeile der Uebertragung mahnte mich an dieses Wort. Dass ich daher *Kock*, sowie die übrigen Vorgänger, namentlich *Hartung, Donner, Schöll, Minckwitz, Ludwig, Genthe, Bothe* und noch ein Paar andere kaum nennenswerte fleissig verglich, wird man mir nicht zum Vorwurfe machen. Der vielgeschmähte *Hartung* mit seinen angeblich fabriksmässigen Uebersetzungen darf nach meiner Ansicht von keinem Nachfolger ignorirt werden ; *Hartung* bildet den Trimeter, wie kaum ein zweiter es im Stande ist. Die Richtigkeit der Grundsätze seiner Texteskritik kommt hier nicht in Betracht.

Bei den Anmerkungen musste ich mich auf das Allernothwendigste beschränken, indem ich hoffe, bald anderswo Mehreres weitläufiger nachtragen zu können. Der Uebersetzung ist im Allgemeinen der Text von *Kirchhoff* (kleinere Ausgabe 1867/8) zu Grunde gelegt, Abweichungen sind bemerkt.

[1]) Aus der älteren Zeit sind zu nennen : *Casaubonus*, de satirica Graec. poesi et Rom. satira, Paris 1605; ed. I. I. Rambach, Hal, 1774. — *Buhle*: de fabula satyrica, Gött. 1787. — *Eichstädt*: de dram. Graec. comico-satyrico, Lips. 1793. Aus der neueren ; *G. Pinzger*: de dram. sat. Graec. origine, Vratisl. 1822. — Epochemachend F. G. *Welcker*: Nachtrag zu d. Schrift über die Aeschylische Trilogie, nebst einer Abhandlung über das Satyrspiel, Frankf. a. M. 1826. — Ferners *Genthe*: Der Kyklops, ein Satyrspiel des Euripides, nebst einer ästhetischen Abhandl. üb. d. Satyrspiel, Halle u. Leipz. 1828 (neue Titel-Ausgabe 1836); vgl. darüber F. *Dübner* in: Kritische Bibliothek für d. Schul- und Unterrichtswesen 1829, Nr. 31 ; auch *Franke* in: commentationum de Cyclope Euripidis Critic. et Gramm. spec. I, Rintel. 1829. — G. *Hermann*: Epistola de dramat. comico-satyrico, Opusc. I. p. 44 sq.; Eben derselbe in der Vorrede zu seiner Ausgabe, Berl. 1838. — *Wichtig* für die Alterthümer: *Wieseler*: Das Satyrspiel, nach Massgabe

eines Vasenbildes dargestellt, in den Göttinger Studien 1847, II. S.
565—770, auch separat abgedruckt, Gött. 1848. — Ebenso wichtig
O. Jahn : Satyrn und Satyrdrama auf Vasen, im Philologus 27. B.
(1868), S. 1-27. — *Fritzsche* : De scriptoribus satiricis spec. I. Lips.
1863. Hierzu kommt das in Litteraturgeschichten Gesagte, z. B. bei
Fr. Schöll (übers. v. Schwarze, Borl. 1828), *Bernhardy, O. Müller,
Munk, Nicolai* cet. ; ferner die beachtungswerte Schrift von *Witzschel* : Die tragische Bühne in Athen, Jena 1847 ; vgl. denselben in
Pauly's Real-Encyclopaedie. VI. B. 1. Abth. s. v. Satyrdrama (und
Tragödie), ebenso in *Lübkers* Reallexikon des klassischen Alterthums,
3. Aufl. 1867 s. i. vv. Weniger zu empfehlen sind in dieser Bezie
hung die Vorlesungen über dramatische Kunst und Litteratur von
Aug. W. Schlegel (gedruckt z. B. Heidelb. 1809, nach welcher Ausg.
ich citire). — Zu beachten ist auch *Klein* : Geschichte des Dramas,
I. B. Leipz. 1865. Endlich bieten viel Gutes die Einleitungen zu den
schon genannten Uebersetzungen, so die von *Hartung, Ludwig,
Minckwitz* und *Kock*. Endlich muss ein Werk genannt werden,
dem ich vieles entnommen, nämlich : *Naegelsbachs* Einleitung zum
Agamemnon des Aeschylos (herausgegeben v. *List*), Erlang. 1863 (und
Arnold : Die tragische Bühne im alten Athen cet. Progr. d. Wilhelm
Gymnasiums zu München 1868).

¹) Ein Irrthum, den sich merkwürdiger Weise unter andern Gelehrten
auch Wilh. Schlegel zu Schulden kommen liess; vgl. Vorlesungen I.,
265. Ueber das folgende vgl. unter Andern Hartung, Einl. z. Eurip.
Kykl. S. 8 ff.

²) Die Stelle lautet : ἴθι, Διθύραμβ', ἐμὰν ἄρσενα τάνδε βᾶθι νηδύν.
ἀναφαίνω σε τόδ', ὦ Βάκχιε, Θήβαις ὀνομάζειν. „Dithyrambos,
(— rief er —) auf, gehe hinein in diesen Mannleib! So dich, o Bakchios, nennend, stell' ich dem Volke Thebe's dich dar" (Donner) ; vgl.
darüber *Hartung* im Philologus I. B. (1846), S. 395 und *Schöne* in
seiner Ausg. d. Bakchen z. St.

⁴) Daher hat Hartung : Lehren der Alten über die Dichtkunst S. 70 im
Διθύραμβος die drei Worte vermuthet Δις, λύω (wie er θώραξ
und lorica vergleichen zu dürfen glaubte, was nach dem jetzigen
Standpuncte der vergleichenden Sprachwissenschaft unmöglich ; vgl.
beispielsweise über θώραξ Fick, vergl. Wörterb. d. indog. Spr. 2.
Aufl. S. 99 s. v. dhar u. S. 102 s. v. dhâraka, während lorica natürlich zu lorum gehört, welches letztere Wort im Anlaut ein *v* eingebüsst hat ; vgl. Corssen, krit. Beiträge z. lat. Formenlehre S. 505;
ebenderselbe, Auspr. Vocal. cet. 2. Aufl. I. B. S. 312; Curtius, Grundzüge d. griech. Etym. 3. Aufl. S. 516; Bugge, Zeitschr. f. vergl.

Sprachf. XIX. B. [1870], S. 421) und ῥάμμα Naht: Der aus Zeus Nahtlösung hervorgegangene Gott. Anders, mir aber unglaublich, derselbe Gelehrte im Philologus a. a. O. *Welcker,* Nachtr. S. 191. A. 27 erklärt: „Der aus zwei Thüren hervorgegangene“, also Διϑύραμβος für Διϑύραμος; vgl. noch das Etymolog. M.; *Pott:* Zeitschr. f. vgl. Sprachf. VI. 361; *Kuhn:* Herabhol. d. Feuers 167 ff.; *Preller:* griech. Mythol. I. S. 521, A. 3. — Sei dem wie ihm wolle der Dithyrambos steht sicher im Zusammenhange mit dem angedeuteten Mythos, wie auch *Preller* a. a. O. richtig erörtert.

*) Poetik 4, 14: vgl. *Nägelsbach,* Einleit. zu Aesch. Ag. S. 2.
*) Poetik 4, 17; vgl. auch *Hartung,* Einl. z. Kykl. S. 7. f.
*) Vgl. *Athenaeus* Deipnosoph. II. p. 40.
*) *Herodot.* I. 23; vgl. *Suidas* z. St. s. v. und andere Erklärer, z B. *Abicht, Stein* cet.
*) Schon *Horatius:* epist. ad Pis. 220 erklärt das Wort entstanden ob *praemium hirci.* Ingleichen sagt die parische Marmorchronik bei *Thespis:* καὶ ἆϑλον ἐτέϑη ὁ τράγος; vgl. *Euseb.* Arm. p. 111. Dieser Ansicht huldigten *Jacob:* quaest. Soph. p. 104 ff.; *Schneider* de origine trag. p. 27 sqq.; *Bode:* hell. Dichtkunst, III. 1. S. 28 ff.; *Schlegel:* Vorl. I. S. 133; *Schömann:* griech. Alterth. II., S. 468 u. Andere. Von der Mehrzahl der Gelehrten wird das Wort erklärt: „Gesang um einen Bock, d. i. Gesang bei den Festen des Dionysos, bei welchen ein Bock als Verwüster des Weinstocks geopfert wurde. Diese Ansicht vertreten unter Andern *Bernhardy:* Gesch. d gr. Litt. II. B. S. 559; (*Schöll-Schwarze:* Gesch. d. gr. Litt. S. 217. A. 1. *Witzschel:* Die trag. Bühne S. 6 f.; ebend. in *Pauly's* Real-Encykl. VI., 2, S. 2042 und in *Lübkers* Reallex. s. v. (S. 1008); *Höger* Grundz. d. gr. Bühne (Landshut 1863) S. 10; *Nicolai:* Gesch. d. gr. Litt. S. 84; *Nägelsbach:* Einl. z Ag. S. 5; *Klein:* Gesch d. Dram. I. S. 111; *Arnold:* Die trag. Bühne S. 5 u. Andere. Sonstige Erklärungen will ich nicht anführen Ich verweise diesbezüglich auf *Aug.* *Mathiae,* der in der Einleitung zu: L. Annaei Senecae Medea et Troades (Lips. 1828) p. 4. sq. mehrere solcher albernen Etymologien aufzählt. — Schon *Welcker* hat (Nachtr. z. Tril. S. 240 ff.) mit gewichtigen Gründen die von mir gegebene Erklärung, die ebenfalls in das Alterthum hinaufreicht, verfochten; nach ihm *Hartung* (Einl. z. Kykl. S. 7); vgl. auch *Ludwig* (Einl. z. Uebers. d. Kykl. 16. Bch. S. 1769); *Bernhardy* (Litt. 3. Aufl. I. S. 409, u. A.).

**) Diese Erklärung stützt sich auf *Etym. M.* p. 764: ὅτι τὰ πολλὰ οἱ Χοροὶ ἐκ Σατύρων συνίσταντο, οὓς ἐκάλουν τράγους. Auch *Suidas* berichtet, dass die Satyrn τράγοι hiessen wegen der Bocksobren, uud bei *Aeschylos* im Feuerdieb *Prometheus* wird eiu Satyr, der das Fouer küssen will, als Bock angeredet; vgl. *Wilh. Dindorf*: Poetae scenici Grace. 5. Aufl. (1869) S. 114, Fragm. 190. Ferner ist σάτυρος = τίτυρος = Bock; vgl. *Preller*: Myth. II. S. 571; *Stoll*: Handb. d. Rel. u. Myth. d. Griech. S. 144; auch *C. F. Hermann*: Handb. d. gottesd. Alterth. d. Gr. S. 311: *Paulys* Real-Encykl. VI. J, 843; zum Ganzen *Hartung*: Einl. z. Kykl. S. 7 f. — Forner ist die Notiz zu beachten, dass iu der Tragödie die Chöre als Böcke costumirt waren; vgl. *Etym. M.*: ὅτι οἱ χορευταὶ τὰς κόμας ἀνέπλεκον σχῆμα τράγων μιμούμενοι. *Pollux* IV. 118: ἡ δὲ σατυρικὴ ἐσθὴς νεβρίς, αἰγῆ ἦν καὶ ἰξαλῆν ἐκάλουν, καὶ τραγῆ. *Dionys.* Hal. VII., 72, p. 1491.

11) Obwol viele Gelehrte einen solchen Unterschied angenomm'n haben, z. B. *Witzschel* in den schon genannten Aufsätzen; *Böckh*: Staatshaush. d. Ath. (1. Aufl.) II. S. 363. Abor die Identität haben nachgewiesen: *Lobeck* zum Aglaoph. p. 946; *Hermann*: Dissert. Opp. VII., 211 sqq.; *Hartung* im Philologus I. S. 397 ff. und Einl. z. Kykl. S. 8; vgl. *Nägelsbach*: Einl. z. Ag. S. 5. – Ueber den Dithyrambos im Allgemeinen ist zu vgl. *Ulrici*: Gesch. d. hell. Dichtk. II. S. 488, A. 42, und die übrige Dithyramben-Litteratur bei *Pauly*: Real-Encykl. s. v.; *Bernhardy*: griech. Litt.; *Nicolai*: griech. Litt. cct., besonders *Euripides' Bakchen*.

12) Einl. z. Kykl. S. 8.

13) Daher kommt es, dass von einigen Gelehrten auch das Satyrdrama des Euripides schlechtweg „Tragödie" genannt worden, da es doch nichts weniger als das ist (d. h. nach dem späteren, geläuterten, antiken Sinne des Wortes). Abweichende Ansichten über diesen Punkt findet man in den oft genannten Werken; vgl. auch *Genthe* S. XV. f.

14) Vgl. *Genthe* S. 59.

15) Vgl. *Witzschel*: Dio tr. B S. 33 ff.; *Paulys* Real-Enc. VI. 1, S. 839; *Lübkers* Reallex. 3. Aufl. S. 876.

16) Einl. z. Uebers. d. Kykl. S. 6 ff.

17) Vorles. I. 265.

18) Cf. *Brumoy*: Théatre des Grecs, Amst. 1732, Tom VI., p. 263; *Genthe* S. 67.

19) Nicht, wie es z. B. in *Schölls* griech. Littg. (S. 219) heisst, aus 24 Personen; vgl. auch *Ad. Schöll*: Sophokles, sein Leben und Wirken, 2. Aufl. (1870) S. 68 f.

20) Ausführlich handelt darüber *Wieseler*; vgl. Anm. 1.

21) Sieh darüber *O. Jahn* im Philologus 27 B. (1868) S. 1 - 27 u. dazu die Abbildungen, bcs. Tafel IV.

¹¹) Entsprechend der ἐμμέλεια der Tragödie und dem κόρδαξ der Komödie. Woher das Wort σίχιννς (so, nicht σίχιννς schreibt man jetzt nach den codd. Flor. im Kykl. v. 38 den Namen) stammt, ist schwer zu sagen. Man leitet es ab von dem Erfinder dieses Tanzes, *Sikinnos*; vgl. *Minckwitz*: Uebers. d. Kykl. S. 73, oder von σίχχος, was bei *Hesychios* = κοῦφος „hüpfend", so *Hartung*: Kykl. S. 100, und *Wieszner*: in Cycl. comm. l. p. 9; oder von σείεσθαι und κινεῖσθαι, wie *Preller*: griech. Myth. I. S. 571, Λ. 3 mit den alten Grammatikern; vgl. *Arrian* ap. Eust. p. 1078. 20; *Hoeck*: Kreta I. p. 209 sq.; *Lobeck*: Aglaoph. p. 1126, m.; *Athenaeus* I. p. 20 E; XIV. p. 630 B; im Allg. auch *Klein*: Gesch. d. Dram. I. S. 124 f. — Die Deutung von *Welcker*: Nachtr. S. 338, A. 302 ist mir unwahrscheinlich. — Der zweite Theil dürfte das Wort κινεῖσθαι enthalten; vielleicht steckt aber in Σι- das gleiche Wort, wie in Σι- βύλλα, σι-, σιός = θεός; vgl. *Lactantius* I. 6, 7.

¹²) Einl. z. Kykl. p. XIV. sqq.; *Theod. Kock*: Einl. z. Kykl. S. 8; dagegen *Minckwitz*: Einl. z. Kykl. S. 7, Anm.

¹⁴) Ich will in dieser Hinsicht bloss als Curiosum die Schrift erwähnen von *Lohmar*: De Cyclope Euripidis, Progr. von Trier 1848. Auch gegen die burleske Kritik von *Klein* (Gesch. d. Dram. I. S. 412 ff.) liessen sich viele Einwendungen machen. Mit richtigem Tacte geht vor *Ed. Pfander*: Die Tragik des Euripides, Berlin 1870. Leider ist bis jetzt erst ein Heft erschienen.

¹⁵) Einl. z. Kykl. S. 8; vgl. *Minckwitz* S. 5 f.

¹⁶) Ueber die sonstigen Auffassungen des Polyphemos im Alterthume vgl. *Genthe* S. 37 ff.; *Wieland*, die Kyklopenfilosofie und das Kyklopen-Recut in Nuce, im neuen teutschen Merkur B. II. (1793) S. 199 - 203, oder in Wielands sämmtlichen Werken (z. B. herausg. v. *Gruber*, Leipz. 1823, Band XLVII., S. 151 154).

¹⁷) *Klein*: Gesch. d. Dram. I. S. 126 u. 502 findet es wahrscheinlich, dass Euripides den Kyklops eines gewissen Dichters Aristias sich zum Vorbilde genommen habe; ich kann das nicht glaublich finden.

¹⁸) Vgl. für diesen Punct die sehr wertvolle Abhandlung von *Lehner*: De Homeri imitatione Euripidea. Progr. v. Erlangen 1864, für den Kykl. besond. S. 12 ff.

Ueber die Texteskritik des Euripides zu sprechen, ist hier weder Raum noch der Platz dazu. Von guten Ausgaben, die auch den Kyklops enthalten, nenne ich ausser den älteren z. B. denen von *Höpfner*, 1789 (welche noch immer brauchbares Material enthält); *Mathiae*, 10 voll. 1813 —37; *Lud. Dindorf*, 1825; *Bothe*, 1825, 26; *G. Hermann*, 1831—41;

Witzschel, 1841 (1866, 68) besonders die von *Kirchhoff* 1855 (ed. min. 1867
68) ; Nauck, 1854 (1857, 66) ; *Th. Fix :* Texte nouveau, revu, et traduction
toute nouvelle, Paris 1868; *Paley,* 1860 - 61 ; *Wilh. Dindorf:* in dessen
paetae scenici Graec. 5. Aufl. Leipz. Teubn. 1869 (Eurip. auch separat abgedruckt*).*

V. 1 : *Bromios* = der *Lärmer,* einer der Namen des *Dionysos.* Der
Name *Bakchos, Bakcheios,* der ihm noca zukommt, scheint erst
verhältnismässig spät in Gebrauch gekommen zu sein. Der „Lärmende, Dröhnende" heisst er wol, wie *Schöll* bemerkt, von den
Stürmen an den Grenzen des Jahres, in welchen er untergehend und
wiedergeboren gedacht wurde, und von der geräuschvollen Art, wie
gleichzeitig seine Verehrer, schaarenweise umherschwärmend, mit
Geschrei und schallender Musik ihn feierten. Der Gott selbst raste
schon als Kind, was die epische Mythe von der Eifersucht der Him-
melskönigin *Hera* über die Geburt dieses Bastardsohnes ihres Gat-
ten herleit te. Man lernt die Natur und das Wesen dieses Gottes
am besten aus den *Bakchen* des Euripides kennen ; vgl. noch
Preller: Griech. Myth. ; *Hartung* im Philologus I. S. 395 ff. ;
Wieszner I. p. 2 sq. — Wie der Gott in seiner Jugend von Tyrr-
henischen Seeräubern entführt worden, erzählt ein Homerischer Hym-
nos (VI.); vgl. die herrliche Uebersetzung von *Thudichum,* Stuttg.
Metzler 1870 S. 81 ff.; *Ovid.* Met. 3, 582 ff.

V. 5 : Die Ueberlieferung ist ἔπειτα γ', *Hermann,* dem die meisten unter
den neueren Herausgebern gefolgt sind, schreibt ἔπειθ' ὅτ'. Die
Ueberlieferung ist unbedingt beizubehalten ; vgl. *Wieszner* l. l.;
Franke p. 10 ; *Spengel* in der Eos I, (1864) S. 190. Was hier γὲ
heisst, sagt die Uebersetzung.

V. 7 : *Enkelados,* einer der Giganten. Der Sage nach erschien Dionysos
mit seiner Umgebung von Satyrn und Seilenos im Gigantenkrieg.
Allein die Erlegung des Enkelados ist entweder das Werk der *Pallas*
vgl. *Pausanias* VIII, 47, 1, oder des *Zeus* vgl. *Vergil.* Aen. III,
578. Es träumt also wirklich nur dem Seil. diese Heldenthat, ähnlich,
wie es mit der Erlegung des Prinzen *Percy* durch *Fallstaff* war in
Shakespear's Heinrich IV. (Akt V, Sc. 3); vgl. *Genthe* S. 20 ;
Hartung S. 99 ; *O. Jahn* im Philol. 27. B. (1868). S. 24. Dass εἰς
ἰτέαν nicht geändert werden soll, zeigt *Wieszner* I, p. 5.

V. 16: Dass ἐπ' vor ἐρετμοῖς unnöthig von neueren eingesetzt, hat bereits *Franke* zur Genüge gezeigt, welche Auseinandersetzung *Wieszner* mehr hätte würdigen sollen.

4

V. 18: *Malea*, das wegen häufiger Stürme berüchtigte Vorgebirge an der Südspitze der *Peloponnesos*.

V. 19: *O. Jahn* vermuthet (Philol. 28. B. 1869, S. 5) statt δορί, welches ihm eine lästige Wiederhohlung scheint, σκάφει; ich halte das nicht für nöthig.

V. 28: Ich lese mit den codd. νέα νέοι, nicht νεανίαι.

V. 39: Ich lese κῶμοι mit den codd., was die Uebersetzung rechtfertiget; vgl. *Wieszner* p. 10. Warum selbst *Kirchhoff* und *Dindorf* neuestens κώμοις schreiben, ist mir unbegreiflich. — *Althaia* (die Gedeihliche) war Gemahlin des *Oineus* (des Weinherrn). Ihm schenkte *Dionysos* die Rebe, als er sein Gast und ihr Liebhaber war; vgl. *Hygin.* fab. 129; *Apollod.* 1, 8, 1 (Bekk.). Dieser Mythos scheint öfter in Satyrdramen behandelt zu sein, worauf auch diese Anspielung des *Eurip.* deutet.

V. 41: In der Strophe wendet sich der Chor an die Böcke, in der Gegenstrophe an die Mütter der Heerde. Ich folge in diesem v. der Ueberlieferung der codd.

V. 49: Psytt! (ψύττα, bei *Theokritos* IV, 45 ed. Fritzsche σίττα) ist ein Zuruf der Hirten an ihre Thiere.

V. 52: Ich folge hier und in den folgenden 2 vv. Kirchh., ohne von der Richtigkeit des Textes überzeugt zu sein.

V. 55: Nach σπαργῶντας ist nach *W. Dindorf* schon im cod. C von zweiter Hand übergeschrieben μοι τούς, was ich beibehielt, um die Antistrophe mit der Strophe in Einklang zu bringen.

V. 62: *Th. Kock* bemerkt (S. 42): „Die verlorenen Verse werden wohl die Klage enthalten haben, dass der Chor jetzt zu einer solchen Beschäftigung verdammt sei; von wo der Uebergang zu einer Vergleichung mit seinem früheren Leben leicht war." Vielleicht sind aber, wie *Kirchhoff* bemerkt (ed. maior.), nach v. 62 die vv. 49 - 54 zu wiederholen.

V. 64: *Bakchen* oder *Bakchantinnen* liessen die den *Bakchos* begleitenden Nymphen. *Thyrsos* war der Zauberstab, welchen die Begleiter des Bakchos trugen, zugleich eine gefährliche Waffe.

V. 68 ff. *Nysa*; unter diesem Namen werden verschiedene Heiligthümer des *Dionysos* aufgeführt, der davon auch seinen Namen hat. *Jakchos*, ursprünglich wol identisch mit *Bakchos* (vgl. *Curtius*, Grundz. d. Griech. Et. 3. Aufl. S. 525; von neueren wird es erklärt Jachoca i. e. er, *Dionysos* = *Osiris* lebt; vgl. *Gross* zu Ovid. Met. im Reg. S. 274), war das Jubellied auf den jugendlichen Gott Dionysos. Zum Ganzen vgl. *Hor.* Carm. I. 1, 31; II. 19.

V. 78: Die Satyrn trugen sonst Reh- oder Pantherfelle, hier als Hirten blos Ziegenpelze (*Kock*).

V. 102: Bei Homer ist *Odysseus* der Sohn des *Laërtes*. Bei den späteren heisst er auch ein Sohn (od. Nachkomme) des *Sisyphos*, womit seine Schlauheit und Hinterlist bezeichnet werden soll. Denn Sisyphos (reduplicirte Form von σοφός statt Σί-σοφ-ο-ς; vgl. Curt. Grundz. 3. Aufl. S. 424, Nr. 628) ist der Schlaukopf, der selbst den Tod überlistet, der aber dafür in der Unterwelt den „Stein des Weisen" wälzen muss; vgl. *Preller*: Griech. Myth. II, S. 73 ff.

V. 118: Ich glaubte das dreifache οὐδείς im Deutschen ausdrücken zu sollen, was freilich nicht ohne Härte geschehen kann.

V. 119: Demeters Früchte. d. i. Getreide, welches die Demeter (d. h die Erde-Mutter; anders z. B. *Grassmann* in d. Zeitschr. f. vergl. Sprach. XVI. B. [1867] S. 161; vielleicht richtiger) spendet. Mit andern Worten: sind sie Ackerbauer?

V. 126: *Hermann*, dem selbst *Kirchhoff* und *Kock* sonderbarer Weise beistimmen, nimmt hier eine Lücke an. Ich glaube nicht daran. Sieh darüber *Hartung* S. 102; *Minckwitz* S. 74; *Wieszner* II. p. 5 sq.; *Spengel* in Ηος I, S. 192. Dass auch in dieser Höhle ein Kyklop wohne, konnte und musste Odysseus wol voraussetzen.

V. 129: Codd. δράσεις, *Cunter*, dem die meisten der neueren gefolgt sind, δρᾶσον. Dass δρᾶσον das gewöhnlichere ist, erecntigt nicht zu einer Aenderung. Zudem erfordert der Sinn durchaus nicht δρᾶσον, wie *Hartung* glaubt, sondern das Futurum ist weit angemessener; vgl. *Wieszner* II. p. 6; *Hermann* z. St.

V. 134: Statt Διός γάλα, welches *Athenaeus* XIV, p. 658, C überliefert hat, vermuthet *Wieszner* nicht ohne Grund οἰός γάλα. Den Schriftzeichen näher läge vielleicht noch αἰγός γάλα (ΑΙΓΟΣ = ΔΙ(F)ΟΣ), wornach ich übersetzt. Gewöhnlich liest man βοός.

V. 138: *Homer* (Od. IX, 196 ff.) lässt den Odysseus Wein besitzen, von Maron geschenkt. dem Sohne des Εὐάνθης (der nach dem Schol. Apollon 3, 998 ein Sohn des Dionysos und der Ariadne war), dem Apollo-Priester zu Ismaros in Thrakien. Euripides dagegen macht diesen Maron unmittelbar zu einem Sohne des Bakchos (Hart.).

V. 142: Ich lese nicht mit *Hartung* und *Kirchhoff* εἰςορᾷς, sondern mit den codd. ὡς ὁρᾷς. Man muss immer und immer bedenken, dass der Schauspieler durch Gestikulationen die Sprache verständlich machen musste. Ueber die Partikel ὡς im Allgemeinen vgl. man die treffliche Abhandlung von Barthold: Specimen lexici Euripidei, quo explicatur usus particulae ὡς. Progr. d. Fried.-Wilh.-Gymnasiums in Posen 1869.

V. 144: Auch hier kann mich *Kirchhoff* nicht überzeugen, dass eine Lücke anzunehmen; vgl. *Spengel*: Eos I, S. 192; *Wieszner* II, p. 8. Setzt man Fragezeichen, so ist der Sinn vollständig und trefflich: „Doch, dürfte dir auch nicht zweimal so viel, als aus dem Schlauche fliesst, die Backen füllen?"

V. 150 ff.: Die Uebersetzung sammt der Exposition zeigt, dass an eine Aenderung des Textes nicht zu denken. Auch ist dieser Scherz nicht so frostig, wie er Franke (p. 6) scheint, sondern sehr natürlich.

V. 162: Vgl. *Th. Kock*, Alkaeos und Sappho S. 60—65, namentlich S. 65: „Oft wird der *Felsen von Leukas* fast sprüchwörtlich als ein Mittel, aller Schmerzen ledig zu werden, genannt; wie wenn Anakreon (Fragm. 19) singt, er wolle wiederum von Leukas Felsen hinab tauchen in die graue Woge, von Liebe trunken".

V. 165 ff.: Ich konnte diese Verse nur sehr allgemein übersetzen.

V. 178: *Beinkleider* von grosser Weite und ein *goldenes Halsband* lässt hier Euripides den Paris nach persischer Art tragen, weil die *Perser* und *Meder* den späteren Griechen das Muster für alle orientalischen Völkerschaften sind.

V. 189: Dieser Vers gehört offenbar dem *Seilenos*; denn die Angst des bösen Gewissens muss natürlicher Weise den Seilenos überall herum sehen machen; vgl. *Kock* z. St.

V. 199: Im Texte steht ἀνεχε, παρεχε. Ich habe den Sinn bloss annäherungsweise angeben können; vgl. die ähnlichen Ausdrücke bei *Aristophanes* in den Vögeln v. 1720: ἀναγε, διεχε, παραγε, παρεχε und *Th. Kock* zur Stelle des *Arist.* (Berl. Weidm. 1864, S. 243 f.).

V. 209: Orion („der *Leuchtende, Glänzende*"; vgl. unter andern *Savelsberg* in der Zeitschr. f. vergl. Sprachforsch. XIX. B. [1870] S. 8 ff.); hier natürlich das Sternbild. In Bezug auf die Kürze des ι vgl. *Savelsberg* a. a. O. S. 8.

V. 217: Seilenos kann nicht stumm auf der Bühne sich selbst misshandelt haben. Er muss in die Höhle abgegangen sein und erst kurz zuvor, ehe der Kyklop die Griechen erblickt, wieder hervortreten. Vielleicht beginnt er mit den Fremden ein Scheingefecht, um den Kyklopen glauben zu machen, dass ihm die Waaren geraubt sind und er von den Griechen so übel zugerichtet ist (nach Kock).

V. 234 ff: Seilenos bemerkt in seinem Eifer gar nicht, wie unwahrscheinlich durch seine Uebertreibung die Erdichtung wird, die Griechen hätten dem Kyklopen erst die Eingeweide herausreissen und dann ihn auch noch verkaufen wollen.

V. 248: Ich lese mit *L. Dindorf* und anderen ἄντρα τά σά γ'. Die Conjectur *Heimsoeth's* (Kritische Studien zu den Griechischen Tragikern, Bonn 1865, I. Abth. S. 301 f.) οἴκους σούς steht in der Luft.

V. 254: Ich lese mit dem codex (denn diese Verse enthält nur *ein* codex) τούτῳ, nicht mit den meisten der neueren Herausgeber τούτων. Mag man τούτῳ auf Seilenos beziehen oder πράγματι ergänzen, beides gibt einen ganz angemessenen Sinn; vgl *Hoepfner* z. St.

V. 259 ff: *Triton* (etwa = *Wasserwesen*; vgl. *Preller*, Griech. Mythol. I, S. 147; *Roth*, in d. Zeitschr. d. deutsch. morgenl. Gesellschaft II, S. 216 ff.; *Delbrück* in Curtius' Studien zur Griech. u. Lat. Gramm. I, S. 133 ff.; *Fick*, Wört. d. ind. Spr. 2. Aufl. S. 84), ein Meergott, Sohn des Poseidon und der Amphitrite. *Nereus* (der *Fliessende, Schwimmende*, der *Fluthgott*; vgl. *Curtius*, Grundz. d. Griech. Etym. 3. Aufl. S. 293; *Corssen*, Ausspr., Vokalis. cet. 2. Aufl. I, S. 433 u. 435), Sohn des Pontos und der Gaia. Seine Töchter, 50 an der Zahl, sind die *Nereiden* (= *Fluthgottstöchter ;* s. *Corssen* a. a. O.), Meernymphen, die den Wassernixen der germanischen Mythologie entsprechen. *Kalypso* (die *Bedeckende*, vielleicht die Erde mit Schlamm, wenn das Wasser über die Ufer austritt; vgl. *Göttling* zu *Hesiod.* Theog. v. 359) ist aus *Homer* hinlänglich bekannt, Odyss. lib. VII.

V. 270: *Radamanthys* (viel. = *Stabschüttler, Gertenschwinger*; so *Kuhn* in d. Zeitschr. f. vergleich. Spraenfor. IV, 123; anders *Pott*, ebend. V, 260 ff.; *Sonne*, ebend. XII, 367 ff.; vgl. *Düntzer*, ebend. XIII, 7; *Curtius*, Grundz. S. 328 Nr. 515) der bekannte Richter in der Unterwelt.

V. 287 f.: Die Annahme einer Lücke nach diesem v. ist verfehlt, wie auch *Spengel* bemerkt: Eos I, S. 192. Ich habe mit *Bothe* die folgenden vv. als Parenthese gefasst. Nur so ist der Sinn richtig und die Stelle klar, was auch dagegen einwenden mag; vgl. noch *Wieszner* II, p. 20. — Taenaron, Malea, Sunion, Gaeraestos sind Orte mit berühmten Heiligthümern des Poseidon; vgl. *Th. Kock* z. St.

V. 294: Dass hier aber ein oder zwei vv. fehlen, ist mir ohne Zweifel. Es ergibt sich dies aus der Antwort des Kyklopen. Hätte Odysseus von Zeus keine Erwähnung gethan, so konnte der Kyklop nicht mehr als 18 Verse diesem allein widmen; wol aber, wenn Odyss. auf Zeus, den Rächer, hingewiesen hat, wie ich vermuthungsweise die Lücke ausgefüllt; vgl. *Spengel*, Eos I, S. 191. Betrachtet man

die Anzahl der Verse in der Rede des Odysseus und in der des
Kyklopen, so ergibt sich, wie *Paley* bemerkt, dass die Rede des
Od. um 3 vv. kürzer ist. Es ist mir daher wahrscheinlich, dass an
dieser stelle 3 vv. ausgefallen sind, indem vielleicht in di sen
ausgefallenen vv. das Wort νο'μος(μὲν) stand, von welchem Woite
der Abschreiber auf das zweite νο'μος (δὲ) abirrte. Ich halte daher
im *Folgenden* die Ueberlieferung für richtig und habe darnach
übersetzt: νο'μοις — εἰς λο'γους x. τ. λ.

V. 324: Dass πέπλον χρουῖ'ω das nämliche ist, was wir bei *Catullus*
XXII, 11 (ed. L. Müll.) und *Horat.* Sat. I, 5, 85 lesen, bezweifle
ich nicht. Eine Aenderung ist jedesfalls sehr gewagt.

V. 340: Ich lese mit dem cod. δυσφο'ρητον = schwer zu tragen, das heisst
offenbar so viel als: „es ist dir lästig, da du zu fett bist." Dass
diese scherzende Aeusserung im Munde des Kykl. gut passt, sieht
jeder. so ist schon erklärt in der auch jetzt noch brauchbaren Ausgabe mit Italienischer Uebersetzung: Εὑριπίδου Κύκλωφ il Ci-
clope di Euripide cet. del P. Carmeli In Padova MDCLLI. (Die
Ital. Uebersetzung liest sich recht gut.)

V. 352: Der Text ist hier sehr unsicher, ich folge lediglich der Ausgabe
Kirchh. (ed mi·.).

V. 375: Die das beste Fleisch, d. h. die am wolg nährtesten waren.

V. 377: Das überlief rt χθο'να hat man seit *Musgrov* gewöhnlich in
στέγην umgeändert. Nur *Kirchhoff* behält das Wort bei, kenn
zeichnet es aber durch kleineren Druck. Dass χθ 'να steben kann
und was es hier bedeutet, hat schon *Reiske* gesagt: „oi sic scrip
sit Euripides, propterea forte fecit, quia subterranea esset. Nat
omne sub terra positum est χθὼν et χθο'νιον." Das bedeutet si
cher χθώ'ν; vgl. *Curtius* Grundz. S. 187 Nr. 183; *Hom.* Il. IV
182. Dah r es bei Euripides ras. Herakl. 45 geradezu für Unterwel
gebraucht wird. Will man sich aber damit nicht begnügen, so lieg
ja viel näher στο'μα, aus dem leicuter χθο'να werden konnte al
wie aus στέγην. *Heimsoeth's* Vorschlag μυχο'ν hat bis jetzt m
Recht keinen Anklang gefunden. — Die folgenden Verse hat *He:
mann* umgestellt: Dass das ganz unrichtig, hat *Spengel* gezei;
Eos I, S. 192.

V. 429: Vgl. *Hartung* z. St.

V. 433: Diese Verse lassen nur eine Deutung zu; ich kann auf *Herman*
u. A. verweisen.

V. 439: Die *Asiatische Zither* ist die bei den Festen des Dionysos g
brauchte. Die Zither war ursprünglich dem Cult des Apoll

eigen; allein beide Götter stehen sich vielfach nahe. Sie sind beide Vertreter und Beschützer der Poesie, Apollon der ernsten und gehaltenen, Dionysos der aufregenden und schwärmerischen.

V. 454: Dass im Texte ὄμματα steht, ist kein Grund zu einer Aenderung. Ueber ähnliche Plurale vgl. man die erschöpfende Abhandlung von *Kummerer*: Ueber den Gebrauch des Plurals für den Singular b. i Sophokles und Euripides; zwei Programmabhandlungen des Gymnas. in Klagenfurt 1869 u. 1870.

V. 463: Beim Opfer „wurden sämmtliche Anwesende mit dem durch Eintauchen eines Feuerbrandes vom Altar geweihten Wasser besprengt, dessen Mittheilung als Symbol der Theilnahme an der gottesdienstlichen Gemeinschaft galt." *K. F. Hermann* Lehrb. d. gottesd. Alterth. §. 28. Wie beim Opfer die Gemeinschaft durch die Theilnahme an der Besprengung mit dem durch den Opferbrand vom Altar geweihten Wasser vollzogen wird, so will der Chor seine Gemeinschaft mit Odysseus durch die Theilnahme an der Berührung eines andern Brandes besiegeln. Zu beachten ist noch, dass zur Blendung des Kyklopen nach v. 450 ein *Oelbaum* benutzt werden soll, wie der das Wasser weihende *Opferbrand* auch gewöhnlich (?) ein Oelzweig war. Verg. Aen. VI, 230:

> *idem ter socios pura circumtulit unda,*
> *spargens rore levi et ramo felicis olivae* (Kock).

V. 465: φόνου mit *Nauck* und *Kirchhoff* in πόνου zu ändern halte ich für ganz unnöthig.

V. 485: Gesang, d. i. ein Zechlied zu Ehren des Dionysos.

V. 495: *Die Thür* der Geliebten. Mit diesen Worten scheint ein damals sehr bekanntes Lied angefangen zu haben.

V. 492: Ich lese nach dem Vorgange *W. Dindorfs* ἐπὶ δεμνίοισί τ' ἄνθος statt ἐπὶ δεμνίοις τε ξανθόν.

V. 506: In diesem Verse fehlt nach den codd. ein Anapäst. Ich habe mit *Hermann* φίλος ὢν eingesetzt.

V. 507 ff: Der Chor weist mit zweideutigen Worten auf das dem Kyklopen drohende Schicksal. Eine *helle* Fackel, d. i. die Hochzeitsfackel, zweideutig aber der Feuerbrand. Die *jugendzarte Nymphe* ist, glaube ich, die *Galateia*; über das Verhältnis der Galateia zu Polyphemos vgl. *Theokr.* Id. VI. und XI. und dazu die Erklärer z. B. *Hartung* (*Stoll* und *Buchholz* in den Anthologien) u. *Fritzsche*. Unter dem buntfärbigen Kranz versteht der Chor zweideutig das aus dem Auge auf der Stirn hervorquellende und das ganze Haupt des hingestreckten Kyklopen überströmende Blut,

V. 535: Hier scheint *Kirchhoff* (trotz *Spengel* Eos I, S. 192) Recht zu haben, wenn er eine Lücke annimmt. Die Stichomythie verlangt noch einen Vers für den Kykl.

V. 542: Vgl. die ganz ähnliche Stelle bei *Hom.* Od. IX, 363 ff.

v. 543: Diesen Vers geben die codd. d m Odysseus. Die neueren geben ihn fast insgemein dem Seilenos. Ich glaube nicht mit Recht. Die Symmetrie schon verlangt, dass auf Odysseus zwei Verse kommen, abgesehen davon, dass Seilenos gar keinen Grund hat, für Odyss. gleichsam zu antworten. Ihm ist lediglich darum zu thun, wie er heimlich Wein sich annexiren kann und er muss seine ganze Aufmerksamkeit darauf wenden. Der Artikel τῷ ξένῳ steht meiner Ansicht durchaus ni ut entgegen. Dafür spricht aber οὗτος im folg. v.

V. 547: Diesen v. fasst *Spengel* Eos a. a. O. ganz anders.

V. 550: Gib so ihn d. h. wie *Hermann* richtig erklärt, „ohne ihn geprüft. verkostet zu haben", nicht wie man es gewöhnlich nahm, „ungemischt" oder „so, wie ich gesagt, nämlich voll."

V. 551: Kränze trugen die Alten nicht bloss bei grösseren Gelagen, sondern auch wenn sie einsam zecuten, wie für die Römer *Hor.* Carm. I, 38, für die Griechen *Eurip.* Alkest. 832 (838 Fritze) zeigt (Kock).

V. 557: Ich lese mit *F. Ritschl* im Rhein. Museum, 24. B. (1869) S. 327 f. δρᾷς; ΣΕΙΛ. ὡς ἡδέως κ. τ. λ. Das Futurum hat gar keinen Sinn. — Nach diesem v. bezeichnet *Kirchhoff* jetzt eine Lücke. Ich sehe auch hier keinen Grund.

V. 558: Ich conjicire statt αὐτός das Wort οὗτις. Es ist doch sehr natürlich, dass der Kyklop den Odysseus bei seinem vermeintlichen Namen anredet. Auch lese ich nach der Ueberlieferung λαβών — γέ μοι und nicht mit den neueren λαβ' ὦ — τέ μοι.

V. 572: Der Kykl. glaubt im Rausch die Grazien zu sehen, die ihn küssen wollen; vgl. über diese vv. *Spengel* Eos I, S. 194.

V. 573: Ganymedes (= „heiter gesinnt" od. „Herzerfreuer"), der schönst⸱ der Sterblichen, wurde durch einen Adler in den Olympos entführt. um dort als Mundschenk zu fungiren. Später dachte man sich ihn als Geliebten des Zeus. Euripides (577) scheint die Entführung in die Stadt *Dardanos* am Hellespontos zu verlegen.

V. 590: Hephaistos wohnt nämlich im Aetna.

V. 599: Die *Zange* steht bildlich für den Zwang eines unentweichbaren Schicksales; vgl. Ovid. Met. IX 78: angebar cen guttura *forcipe pressus* (Kock).

V. 606: Maron, d. h. der Wein.

— 49 —

V. 624: Der Vers ist sicher unecht; er ist lästige Wiederholung aus v. 465, passt jetzt nicht mehr für den Chor und unterbricht die Symmetrie; vgl. *Kock* z. St.

V. 636: Orpheus (= der mit dem „Dunkel des Hades vertraute"; vgl. *Curtius*, Grundz. S. 437), der berühmte Sänger, der vermochte fidibus canoris auritas ducere quercus; *Hor.* Carm. I, 12, 11 u. Andere.

V. 638: *Erdensohn* wird der Kykl. wegen seiner Grösse und Ungeschlachtheit genannt, wie die Giganten, die ebenfalls Erdensöhne waren.

V. 644: Die *Karer* waren verachtete Miethssoldaten. Das Sprüchwort: Ein Karer steht auf dem Spiele = etwas Werthloses wird riskirt.

V. 656: *Paean* = Jubelgesang; vgl. *Hartung* (und *Fritze-Kock*) zu *Eurip.* ras. Herakl. 687.

V. 658 ff.: Sind eine Reminiscenz aus *Hom.* Od. IX, 515 ff.

V. 661: Im Texte steht τί χρῆμα; (sonst auch dafür τί χρέος; gebraucht; vgl. *Bauer*: Zu den Herakliden des Eurip. Progr. des Wilh.-Gymn. zu München 1870, S. 10 zu v. 95 u. denselben in seiner Ausg. der Herakl. München 1870, S. 13), was eig. nichts anderes bedeutet, als *warum*? Doch an unserer Stelle dürfte die Uebersetzung das Original besser widergeben, als mit *warum?*

V. 680: Nur wenn man οὖτις statt οὖτος liest, kann dieser v. dem Chor gegeben werden. Häufig wird der v. dem Odyss. zugetheilt; vgl. *Hartung* z. St.

V. 688: Ein alter Seherspruch des Telemos, Sohnes des Eurymos; vgl. *Hom.* Od. IX, 507—516; *Ovid.* Met. XIII, 770 -775.

Noch eine Bemerkung sei gestattet in Bezug auf die Metra in den Chören. Ich bin auch in denselben lediglich der Versabtheilung von *Kirchhoff* gefolgt. H. *Schmidts* 3. Band seines Werkes: „Die Kunstformen der griech. Poesie. Text u. Schemata der lyrischen Partien bei Euripides" kam zu spät, als dass ich ihn hätte benutzen können. Uebrigens, so lange immer neue rythmische und metrische Hypothesen ge-*schmiedet* werden, thut man gut, die Rolle des Zuschauers zu spielen. Auch werden die Leser der Uebersetzung metrische Schemata nicht ungerne vermissen.

V. Hintner.

5

Berichtigungen.

Seite 22 v. 310 lies *wenn* statt wen.
„ 32 „ 629 „ *woher* „ wobre.
„ 33 „ 636 „ *Orpheus* „ Orpheos.

Hier und da eine Inconsequenz in der Orthographie gütigst entschuldigen.

—————∿∿∿∿∿—————